내 안에 계신 그리스도

레스 카터 지음

나침반

그리스도의 성품이
나의 성품이 되게 하는 책

그리스도의 품성에 대한 깊은 사색으로 당신은 어떤 품성을 지니게 될까?

더욱 겸손, 더욱 자제, 더욱 온유일까? 혹 더욱 확신, 객관성, 단호함일까? 더욱 동정, 혹 존경이 나타날까? 타인을 배려하는 더욱 신중한 사색가일까? 더욱 은혜일까?

오랜 세월 그리스도인으로 살면서 예수님을 더욱 풍성히 알고 싶었다. 그분이 우리를 부르셨다. 우리는 그분과 매일 사귐을 가지며 동행한다. 그분과의 개인적인 이 달콤한 밀애가 너무 좋아서 그분 품안에서 우리가 하나도 남지 않고 다 녹아버릴 수 있다면!

너무도 사모하는 그분이 우리 안에 오셔서 우리 안에 거처를 정하시고 우리 안에 사신다. 그분의 성품이, 그분의 행실이, 그분의 혜안이, 그분의 마음이 나의 사상이 되고, 나의 마음이 되고, 나의 사랑이 되고, 나의 인격이 되고, 나의 삶이 된다. 내 안에 계시는 그리스도!

　나는 '내 안에 계신 그리스도'를 읽으면서 진정 즐거웠고, 값으로 매길 수 없는 통찰을 얻었다. 이 책은 읽는 내내 실로 흥미진진하다. 이 책에서 우리는 그리스도에 관하여 읽는 것이 아니라 그리스도를 읽는다. 우리는 그리스도에 관한 것을 듣는 것이 아니라 그리스도를 느낀다. 이토록 그리스도가 내 안에 가까이 계시다는 것에 우리는 환희와 신비감에 사로잡힌다. 이 책의 저자 레스 카터가 우리를 그리스도에게 푹 빠지게 한다.

　내가 레스 카터를 안지는 꽤 오래 되었다. 요즘도 그가 하는 일은 매일 매일 그리스도 안에서 사는 것이다. 그리스도와의 깊은 만남에서 그가 터득한 그리스도의 비밀을 그가 이 책에 쏟아 놓았다. 그리스도와 교제하면서 그가 얻은 통찰들이 이 책을 가득 메우고 있다. 이 책에서 당신이 얻을 수 있는 것은 레스 카터가 아니면 발견할 수 없었던 그리스도의 비밀과 그리스도께서 그에게 터득케 하신 통찰들이다.

　나만큼이나 당신도 이 책을 좋아하리라 믿는다.

프랭크 미니어스 박사
Frank Minirth

차 례

1 그리스도의 임재

그리스도의 성품 본받기

• 마가복음10:13-16

어떻게든지 일정을 미루고 하루 종일 어떤 역사적인 인물과 대화해야 한다고 가정해 보자. 당신이라면 누구를 택해서 그 날 함께 지내고 싶은가?

이런 일은 상상만 해도 흥미롭지 않은가? 혹 이미 고인이 되신 부모님이나 조부모님 같이 다시 한 번 꼭 만나 뵈었으면 하는 그리운 식구들이 될 수도 있을 것이고, 또는 아브라함 링컨이나 벤자민 플랭클린같은 저명한 정치인이나 혹은 루터나 칼뱅이나 어거스틴같은 기독교 신앙의 거장들일 수도 있을 것이다.

내게도 하루 종일 함께 지내고 싶은 그런 사람들이 많다. 그래

도 굳이 한사람의 이름만 꼽으라고 한다면, 나는 주저 없이 즉시 결정할 수 있다. 바로 예수님을 선택할 것이다. 주님의 얼굴을 뵙고 주님의 목소리를 듣고 싶기 때문이다.

나는 예수님을 모시고 어린 시절로 돌아가 내가 즐겨 노닐던 장소에 가 보고 싶다. 그곳은 내가 유년 시절을 보내던 조지아의 집 근처에 위치한 그늘진 샛강 기슭이다. 어찌나 녹음이 짙던지 90미터밖에 있는 집들조차 아른거려 잘 안 보이는 곳이다. 샛강을 뒤덮은 나무들은 완벽한 차양 역할을 하여 살갗을 태울 듯한 한여름의 햇볕을 차단시켜 주었고, 시간 가는 줄도 모르고 놀이와 모험에 정신이 팔린 아이들에게 시원하고 신선한 냄새와 천연 에어컨을 제공해 주었다. 그렇다, 그곳으로 예수님을 모셔가고 싶다. 그 시원한 처소에서 쉬면서 함께 대화하고 싶다.

여쭤보고 싶은 질문들이 많다.

"예수님, 어린 시절을 나사렛에서 지내셨다는 것 말고는 주님에 대해 아는 것이 별로 없네요. 어렸을 때 어떠하셨나요? 뭘 재미있어 하셨나요? 친구들과 무슨 놀이를 하며 지내셨나요? 어리셨을 텐데, 하나님이 정하신 인생 목적을 이미 알고 계셨나요?"

주님의 제자들의 속사정도 알아보고 싶다.

"그들은 사역과 가족 사이에서 시간을 어떻게 안배하였나요?

베드로는 어떻게 생겼나요? 사람들이 추측하는 것처럼 주님은 정말로 요한과 야고보에게 각별하셨나요? 마태는 어땠나요? 그가 세리였다는 이유로 동료들이 그를 따돌리지 않았나요?"

예수님께서 뭐라 말씀하실지 자못 기대가 되지 않는가?

기적에 얽힌 뒷이야기에 대해서도 자세히 들어보고 싶다.

"예수님, 물고기와 보리떡으로 수천 명을 먹이셨을 때, 어떤 마음이 드셨나요? 그 일에 대하여 다음날 제자들에게 무슨 말씀을 해 주셨나요?"

"지붕을 뚫고 달아내려졌던 중풍 병자에게 도대체 무슨 일이 있었던 건가요? 그리고 죽었던 나사로를 살리셨잖아요. 대단히 감동적인 경험을 하신 거잖아요. 무덤 밖에 서 계셨을 때 어떤 느낌이셨나요?"

그런데 내가 아는 한, 이런 가상의 날이 지나가기 전 주님은 틀림없이 화두를 나에게로 돌리실 것이다.

"레스야, 네 삶은 어떠니? 넌 성공했다고 생각하니, 아니면 실패했다고 생각하니? 상담가 일이 어떤지 듣고 싶구나. 그리고 레스야, 너를 개인적으로 가장 힘들게 하고 있는 것은 무엇이니? 넌 어떤 희망을 가지고 있니? 또한 가정에서 아내와 아이들과는 잘 지내고 있니? 하루를 어떤 식으로 살고 있니? 하나님이 원하시는 네 인생의 목적을 너는 이해하고 있니?"

온종일 우리는 자유롭게 개인의 환경, 신앙생활, 철학과 사회적 책임들에 대하여 대화할 것이다. 토론할 시간이 부족하면 했지, 토론할 주제는 부족하지 않을 것이다. 하루가 너무도 신속히 날아갈 것이다.

이 가상의 장면에 조금만 더 머물러 보자. 예수님과 함께 보냈던 하루가 끝났다고 치자. 한 주간이 지나고, 이어서 한 달, 일 년, 오 년, 십 년이 지났다. 그런 후 주님과 함께 보냈던 그 날을 회상해본다. 어떤 것이 내 속에 각인되어 있겠는가?

물어볼 것도 없이, 나는 유대 역사에 대해서 더욱 더 많은 예리한 통찰력을 가지고 있을 터이고, 또한 신학, 교의, 각종 철학과 사상들에 관해서 다방면에 걸친 탁월한 지식들을 가지고 있을 것이다. 하지만 과연 이러한 것들이 그 날에 관한 나의 기억을 밀어내 버리고 그 위에 턱하니 버티고 있을 텐가?

의심의 여지없이 그 무엇보다도 나는 예수님의 성품을 떠올리게 될 것이다. 나는 그분의 자상한 마음씨와 확신에 찬 목소리를 생각하며 미소 지을 것이다. 내가 기억하고 있는 것은 그분의 열의에 찬 믿음과 동시에, 의견 차이에도 불구하고 기꺼이 날 받아주셨던 일일 것이다.

처음으로 느껴봤던 사랑받고 있다는 감정을 기억할 것이다.

예수님의 성품에 대한 이해

그런 상상이 필요 없는 그 영생의 날이 오게 되면 우리는 예수님을 얼굴과 얼굴을 맞대고 직접 뵐 수 있기 때문에, 그분을 머리부터 발끝까지 낱낱이 알 수 있게 될 것이다. 하지만 그 날이 올 때까지 우리는 그분의 어떠하심을 추측하는 수밖에 없다. 내가 추측해 본 그분의 모습은 배려해 주시는 친구, 긍휼이 풍성하신 위로자, 현명하고 신뢰감 넘치는 멘토이다. 예수님의 행적에 앞서 먼저 살펴볼 것은 예수님의 어떠하심이다. 그분의 성품을 파악하고 있어야만 그분의 행적들이 제대로 이해된다.

예수님은 승천하시기 직전에 자기 제자들에게 이르시기를 "오직 성령이 너희에게 임하시면 너희가 권능을 받고 내 증인이 되리라"(행 1:8)고 하셨다.

많은 사람들이 이 말씀을 순전히 행동강령으로만 받아들여서 예수님을 증거하려면 선을 실천하고 말을 바르게 해야 한다는 식으로 해석하고 있다. 그러나 그것은 예수님이 분부하신 내용과는 거리가 아주 멀다. 그리스도의 증인이 되려면 말과 행실보다 더 중요한 것이 있어야 한다. 즉, 우리 내면에 가진 품성의 변화가 필요하다. 예수님을 증거하려면 우리의 언어와 행실은 물론이거니와 그분의 성품, 곧 그분의 온유하심, 그분의 신실하심, 그분의 은혜로우심이 우리에게서 배어 나와야 한다. 우리에게서 그리스도의 성품이 보이지 않는다면, 주님의 증인이 되라는 그분의 명령은 온전히 수행될 수 없다.

그리스도인의 딜레마

당신이 짐작하듯이, 나는 상담에 임하면서 내담자들의 다양한 사례들을 접하게 된다. 미니어스 클리닉이 기독교 클리닉으로 알려진 다음부터 대다수의 내담자들은 교인들 아니면, 교인들과 관련된 사람들이다. 그들은 항상 확신 있는 가르침을 접하고 있으면서도 대개 억압, 염려, 분노, 슬픔, 자만 등 파괴적인 감정들에 붙잡혀 살고 있다. 그들 대다수는 기독교의 기본 원리들을 알고 있었지만, 그 원리들을 자기들이 당하고 있는 문제들에 적용하기 위해서는 예수님과 친숙하게 동행해야 한다는 것을 제대로 깨닫고 있는 자들이 없었다. 그들이 겪고 있는 감정적 고통은 구세주와의 보다 친밀한 동행이 심각할 정도로 결핍되었기 때문에 생긴 것이다.

테이미라는 40세 된 한 여성이 생각난다. 그녀는 교회에 다니는 부모 밑에서 자랐고, 그녀의 남편은 집사이자 교회학교 교사이다. 테이미는 남편과 함께 교회에 한번도 빠지지 않고 다니고 있었지만 수년간 감춰진 분노와 불안감에 시달렸다.

"뭔가 내 삶이 잘못되어 있어요"라며 그녀가 나에게 말하였다. "내가 이래서는 안 된다는 것을 알고 있지만 뭔가에 자꾸 집착하게 되네요. 난 정결한 삶을 살고 있어요. 남편과 나는 속된 파티 같은 데는 가지도 않고요, 아이들과 많은 시간을 함께 보내면서 스포츠도 즐기고 교회에도 잘 다니고 있답니다. 그렇지만 나는 늘 좌절감에 시달리게 되요. 어디에 가든지 그것이 나를 따라다녀요."

"말씀하시는 것을 듣다보니, 가정에서 너무도 분주하게 살기 때문에 좌절감을 가지는 것 같네요"라며 내가 그녀에게 말하였다. "일종에 일중독이라고 할 수 있죠."

"일중독이라구요?"라며 테이미가 수긍하였다. "일어나는 순간부터 밤에 자리에 눕는 시간까지, 계속 일의 연속이랍니다. 아이들을 학교 꼭대기까지 데려다 줘야하고, 운동하러 가야하고, 교회에 가서 성경공부에 참석해야 하는 등 하루 종일 정신없이 다녀야 한답니다. 그 뿐 아닙니다. 부모님이 연로하시기 때문에 일 주일에 두 세 번씩 보살펴드리기 위해 들여다봐야 하지요. 짜임새 있게 살아보려고 얼마나 아등바등 대야 하는지 모른답니다. 하지만 더미에 깔려있는 것 같은 느낌이 자주 들어요.”

“감정의 기복에 어떤 식으로 대처하고 계신가요?”

“아, 잘 모르겠어요. 그것을 남편에게 말해 보려고 했던 적도 있어요. 하긴 말해봤자 남편은 내 문제를 제대로 알아차리지도 못하죠. 남편에게 말해서 해결될 일 같았으면 벌써 해결되었겠죠. 친구들도 나만큼이나 바쁘게 살기 때문에 그들에게 구조를 요청하는 것도 한계가 있답니다. 나 혼자 최선을 다해보지만, 계속되는 긴장감과 벼랑 끝에 선 기분이 가시질 않네요.”

나는 그녀에게 물었다.

“기독교 신앙이 문제를 극복하는 데 도움이 되던가요?”

“음, 그렇죠 뭐. 장차 들어갈 천국에 대하여 배우는 것은 재밌어요. 다른 그리스도인들과 친하게 지내는 것도 즐겁고요. 하지만 그 친구들에게 내 문제를 있는 그대로 다 털어놓고 싶지는 않아요. 괜스레 잘못 말했다가 우스운 꼴을 당하고 싶지 않으니까요.”

“그렇게 하면 교회 친구들이 당신을 놓고 이러쿵저러쿵 입방

아 쩧게 될 거라 믿기 때문인가요?"

"바로 그겁니다. 항상 훌륭한 그리스도인 되어야 한다는 마음을 가지고 있어서 그런지 내 자신을 있는 그대로 드러내기란 쉽지 않죠."

테이미의 딜레마는 성경을 믿고 있는 그리스도인들에게서 흔히 나타나는 현상이다. 그녀에게 있어서 기독교 신앙은 세월이 지날수록 점점 더 싫증이 나게 되는 일종의 의무였다. 그녀는 믿는 자답게 제대로 살아야 자신은 물론 자기 가족이 손가락질을 받지 않게 될 것이라는 생각에 끝도 없이 의무를 이행해야만 된다는 부담을 가지고 있었다. 피곤함과 좌절감이 증가되면서 그녀는 자기 감정이 심하게 억압되는 것을 느껴야 했다. 그 결과 긴장감이 생기면서 스트레스를 받게 되었고 과민하게 반응하고 싶은 감정들이 그녀의 내면에서 계속해서 고조되어 왔던 것이다.

상담을 하면서 나는 테이미의 사례에서와 같이 사람들이 삶을 살면서 어째서 그렇게 반응할 수밖에 없는지 그 이유를 이해시키고 있다. 이런 식으로 상담하다보면 여러 가지 공통된 주제들이 표면위로 떠오르게 되는데, 이들 주제들을 제대로 손봐주면 삶이 좀 더 즐거워지게 되고 긴장을 훨씬 완화시킬 수 있게 된다.

여러 달 동안 상담을 한 후, 테이미는 나에게 말하였다.

"수긍하실지 모르겠지만, 이제 더 이상 좌절감이라는 벼랑 끝에 서 있는 것 같지 않아요. 어떤 사람이 되어야 다른 사람에게 좀 더 긍정적인 모습으로 비추어질까 생각하며 지내고 있어요. 내 나이 40살인데, 이제야 제대로 되었다는 생각이 들지 않나요?"

그녀의 말에 나는 미소가 지어졌다. 사실 나에게도 해당되는 이야기였기 때문이다. 나는 넌지시 말했다.

"사람들은 대개 어떤 사람이 되어야 할까보다는 무엇을 해야만 할지 생각하면서 숱한 시간들을 보내지요."

"불과 몇 달 전만해도 나는 그 말을 이해하지 못했을 거예요. 그렇지만 이제 나는 그 말뜻을 안답니다. 내면의 품성보다는 겉모양새를 더욱 우선시하는 게 대부분이더라고요."

"바로 그겁니다!"라며 나는 그녀의 의견에 전적으로 동의하였다. 나는 예수님이 주변 사람들과 어떤 식으로 사귐을 가지셨는지 그녀와 함께 나누었다.

"자매님, 만일 우리가 예수님과 진실한 사귐을 가지게 된다면 우리 인격 속에 어떤 내적 품성들이 형성될지 생각해보도록 하죠"라며 말을 꺼냈다. "아마 이것에 대하여 서너 달 전에 이야기했다면, 내가 하는 격려의 말이 도리어 또 하나의 의무가 되어 당신을 힘들게 했을 겁니다. 하지만 이제는 당신도 기독교 신앙은 절대로 의무에 얽매어 사는 것이 아니란 것을 이해할 겁니다. 먼저 예수님과 사귐을 가진 후, 그것이 다른 사람들과의 관계에 영향을 미치도록 하는 것이 바로 기독교 신앙이지요."

그녀는 천천히 고개를 끄덕이며 "내가 겪은 좌절감도 내가 반드시 뭔가를 해야만 한다는 데서 생겼던 것이죠. 이젠 달라질 거예요. 기독교 신앙을 바르게 세우는 일에 헌신하고 싶어요. 예전과는 다른 모습의 기독교 신앙이 되도록 할 거예요"라고 하였다.

예컨대, 그녀는 가정에서 인내가 얼마나 필요한 가치란 것을 깨닫게 되었다. 인내는 남편과 자녀들이 각자 할 일을 제대로 알아서 할 수 있을 때까지 끈덕지게 기다려 주게 하며, 시간적 여유를 갖고 상대방의 말을 의욕적으로 듣게 해 줌으로써 깊이 있는 대화를 가능케 한다. 그 뿐 아니다. 그녀는 교회에서 각종 활동을 할 때 그녀에게 쇄도하는 여러 요청들에 대하여 때로는 "아니오"라고 말할 줄도 알게 되었다. 그녀는 지나친 종교적 형식주의에 입각한 행동이 도리어 하나님을 가까이 하고 싶어 하는 그녀의 영적인 소원을 약화시킨다는 것을 제대로 간파하였다.

변화시키는 힘의 발견

우리는 어떠한가? 타인과의 관계에서 우리는 내면의 능력보다는 외형적인 모습을 더 중시하고 있지는 않은가?

우리도 테이미처럼 제대로 되려면, 무엇부터 제일먼저 고쳐야 할 것인가? 타인에 대한 용납일까? 기꺼이 용서를 베푸는 것일까? 믿어주는 것일까? 좀 더 온유하고 따뜻해질 필요가 있는 것일까? 좀 더 대범해져야 할 것인가?

각자 내면의 모습을 개선시킬 필요가 있다. 그러기 위해서는 모름지기 무엇보다도 그리스도의 성품을 더욱 더 잘 이해하고 있어야만 한다. 아울러 성령께서 우리를 지도해 주셔서 누가 보더라도 우리에게서 그리스도의 임재가 느껴지도록 힘쓰고 애쓸 수 있게 해달라고 간절히 원해야 한다.

너무도 오랜 세월동안 나는 사람들의 기대에 부응하기 위하여 신앙생활을 해 왔다. 하지만 사람들의 기대는 오히려 무거운 짐만 가중시켜 줬을 뿐이다. 라디오 방송과 각종 강연, 그리고 저술 활동 때문에 대중들의 눈을 인식하는 가운데 나는 틀에 박힌 종교적 규준이나 행동 방식에 익숙해져 갔고, 그에 맞춰서 삶을 살았다.

마찬가지로, 지교회에 능동적으로 참여하고 있는 일개 교인으로서, 나는 나의 하는 일이 하늘까지 상달되고 있다고 생각하였다. 왜냐하면 내가 하는 일을 주의 깊게 지켜본 사람들이 저마다 나를 훌륭한 교인으로 인정해 주었기 때문이다. 심지어 그들을 제대로 도울 수 있는 사람은 나 밖에 없다고 생각하며 마치 나 혼자 교우들의 해결사가 된 양 으스대고 다니기도 했다.

그리스도인이라는 명맥을 유지하려다 보니 온갖 허튼 것에만 한눈이 팔렸던 것이다. 그 당시 나는 나의 힘이 내 존재의 근원이 되시는 그분으로부터 온다는 것을 간과하고 있었다.

나의 관심을 예수님께 두었어야 했다. 주님의 생애를 살펴보며, 물었어야 했다. 그분은 누구신가? 그분을 그토록 유일하게 만들었던 것은 무엇인가? 왜 나는 그분을 예배해야 하는가? 어떻게 사는 것이 사람의 기대를 따르지 않고, 그분을 본받는 삶인가?

예수님의 생애를 재조명해 보면서, 마치 이천 년 전 전통적인 종교집단들에게 그분이 맞지 않았던 것처럼, 어쩌면 그분은 오늘날 도처에 널려있는 각종 신앙 모임에 적합하지 않을지도 모른다는 생각을 가지게 되었다. 나는 자기 가까이에 있는 사람들 하나하나의 갈급함과 그들의 감정을 세세하게 조율하여 주시고, 신앙적 오류를 범한 자들을 수도 없이 눈감아 주시는 열정을 가진 한

멋진 분을 보았다.

우리는 어떠한가? 전에 내가 머물러 있었던 그 자리에 우리도 있으면서 혹 구세주께서 가지신 시선을 잃어버린 채 세상에 만연한 소위 종교적 생활을 하고 있지는 않는가? 만일 그렇다면 우리도 필시 그 인간적인 짐들을 벗어던지고 예수님께서 다시 한 번 우리의 구심점이 되도록 해야 한다. 그 결과 우리는 주님과 다시 활기차게 동행할 수 있을 것이다.

이 책에서 우리는 예수님을 그토록 매력적으로 보이게 만들었던 인격적 요소들에 대하여 하나씩 탐구해볼 것이다. 그렇게 하는 과정에서 우리는 오늘날 우리가 살고 있는 이 세상에서 능히 적용 가능한 모델이 되는, 건강한 인격이라는 한 장의 합성사진을 제작하게 될 것이다.

각 장에 제시된 관련 성경 본문을 골격으로 하여 매일 경건의 시간을 가지면서 매주 한 장씩 공부해도 좋을 것이다. 각 장 말미에 있는 토의용 질문들은 개인별 또는 그룹별로 심화된 묵상을 하는 데 도움이 될 것이다.

이것으로 모든 연구가 끝나는 것은 아니다. 요컨대 무엇을 한들 우리의 실존 저 너머 아득히 먼 곳에 계시는 주님을 어찌 다 이해할 수 있단 말인가? 그럼에도 불구하고 그분의 생애와 그분이 보여주신 본을 공부해 봄으로써 우리도 도전을 받아 더욱 더 효과적으로 일상생활 속에서 주님을 증거하는 일에 주력할 수 있게 될 것이다.

기도하면서 이 책을 읽기 바란다. 단지 새로운 행동 양식들을 익히는 것뿐 아니라, 예수님을 세상에 증거하는 일에 우리도 도전을 받고, 하나님께 쓰임 받을 수 있게 해 달라고 기도하라. 그리스도의 실제적인 임재가 우리의 삶에 그야말로 혁신을 일으키고, 우리 안에 있는 그리스도의 품성들이 가까운 벗들과의 사귐에서 새로운 변혁을 가져다 줄 것을 꼭 상상해 보라.

1. 일정을 멈추고 하루 종일 예수님과 얼굴과 얼굴을 맞대고 대화한다고 가정한다면, 당신은 그분과 어떤 논의를 하고 싶은가?

2. 얼굴과 얼굴을 맞대고 대화하는 가운데 예수님의 인격의 어떤 면이 가장 탁월할 것이라고 생각하는가?

3. 당신의 인격 속에 꼭 있었으면 하는 탁월한 인격적 요소들 가운데 7~8가지를 말해 보라. 그 이유는 무엇인가?

4. 그리스도의 품성에 대한 이런 공부를 하면서 당신의 바람은 무엇인가? 무엇부터 강화되기를 바라는가?

5. 다른 사람들이 당신의 품성을 생각할 때, 당신은 그들에게 뭐라고 기억되기를 바라는가?

2 그리스도의 겸손

높은 보좌에서 낮은 구유까지

● 요한계시록 5장 / 요한계시록 21장 / 누가복음 2:1-20

요한계시록 21장을 읽을 때마다 나의 마음은 그 그림 같은 하늘 영광에 압도당한다. 언젠가 우리가 완벽하게 경험할 것이 틀림없지만, 그래도 저 무한히 아름다운 천국은 가히 인간의 어떤 말로도 형용치 못한다. 수정같이 맑은 벽옥으로 쌓인 성곽, 진주로 만들어진 문들, 정금으로 된 길이 있는 그 아름다운 새 예루살렘의 자태는 매력적이다. 그리고 아픔도 고통도 죽음도 없는 영원한 축복의 집인 그곳의 내면 또한 매혹적이다.

성경에 상세하게 묘사되어 있는 천국에 대하여 요약하자면 "현세에서는 절대로 알 수 없는, 결코 지치지도 않고 따분해질 리도 없는 경험을 하게 되는 곳"이다.

천국의 실제 모습을 알아보기 위하여, 몇 장 뒤로 돌아가서 요한계시록 5장을 읽어보면, 거기에 한 천사가 등장해서 지구상에 영향을 미칠 일곱 인으로 봉해진 하나님의 책을 펼칠 자는 앞으로 나오라고 도전한다. 그 순간 그 일에 합당한 자가 보이지 않기로 조용히 번민한다. 천사도 네 생물도 이십사 장로도 합당치 않다. 아무도 없다. 그 때 사자와 양으로 묘사된 그리스도께서 중심 무대에 서신다.

하늘에서 찬송이 울려 퍼지면서 그분만이 봉인을 떼기에 합당하시다고 한다. 나는 마음으로 엄청난 수의 군중들이 그분을 향하여 찬양하는 것을 그려본다. 그리고 무수한 자들이 자발적으로 그분께 엎드려 경배하는 황홀한 광경을 상상한다. 그들은 큰 음성으로 어린양께서는 "능력과 부와 지혜와 힘과 존귀와 영광과 찬송을 받으시기에 합당하도다"(12절)라며 소리친다. 이 예배는 궁극적으로 뒤이어 벌어질 엄청난 일들을 확실하게 예고하는 전조였다. 다른 그 무엇보다 천국은 하나님이 참 신으로 충분히 인식되고, 당연히 그분께 가장 높은 경배를 드리는 장소임이 분명하다.

이제 화제를 돌려서 누가복음 2장에 집중해 보도록 하자. 베들레헴에 탄생하신 예수님에 대한 잘 알려진 이야기가 등장한다. 본문에서도 주인공은 예수님이시다. 하지만 왕 중 왕으로서가 아니시다. 그분은 인간의 고통에 동참하시기 위하여 예비된 한 명의 무력한 아기에 불과하시다. 그 같은 예수님이 온 하늘의 중심이시라고는 가히 생각할 수조차 없다. 그분은 하나님의 보좌를 버리고 죄인들의 자리로 내려오셔서 지금 목자들과 사람들로 북적대는 마구간에 계신다.

구유로 오셔야만 했던 이 사건의 중대성을 과연 우리는 제대로 납득할 수 있는가? 천국에서 그 어린양을 얼굴과 얼굴을 맞대고 만나야만 우리는 비로소 그분의 성육신에 대하여 올바르게 이해할 수 있다. 영광으로 옷 입으신 예수님을 친히 보게 되는 그 날 우리는 의당 그분이 기꺼이 이렇게 해서라도 인간을 품어주시려 했다는 사실 앞에 절로 무릎 꿇어 경배하게 될 것이다. 또한 그토록 크신 분이 어째서 겸손이라는 이 있음직하지 않은 성품에 잇대어 계셔야만 했는지 이해하게 될 것이다.

겸손은 예수님의 지상생애에 관한 이야기 전반에 걸쳐 함축되어 있다. 나사렛의 목수 요셉은 그와 정혼한 마리아와 함께 호적

하러 베들레헴까지 갔다. 마리아와 요셉은 혼전에 마리아가 임신한 일로 모두의 조롱거리가 되었다. 이런 상황에서 그들의 사정을 제대로 알지 못하는 자에게 그들이 어떻게 하나님이 벌이신 이 일의 자초지종을 설명해 줄 수 있었겠는가? "내 아이는 성령으로 잉태된 것이랍니다"라고 말해 본들 그 말을 어느 누가 눈살 하나 찌푸리지 않고 들어주겠는가? 이 장면을 생각하면서 항간에 떠도는 갖은 험담과 편견 섞인 소문을 그저 겸손히 참기로 결심했던 마리아와 요셉을 생각해 보라.

우리는 이들 부부가 이전투구의 장으로 알려진 갈릴리 북부의 도시 나사렛 출신이었다는 사실을 안다. 예수님의 제자였던 나다나엘은 후에 묻기를 "나사렛에서 무슨 선한 것이 날 수 있느냐"(요 1:46)라고 하였다.

하나님께서는 얼마든지 자기 아들의 부모를 위해서라도 살기 좋은 장소를 택하셨을 수 있다. 하지만 그분은 자기 아들로 겸손의 화신을 삼으려는 목적을 가지고 계셨다. 그분을 일반 사람과 동일시 하셔야만 했다.

요셉과 마리아가 베들레헴에 도착했을 때 한 여관 주인이 호의로 마구간을 내어 주기까지 그들이 머물 곳은 없었다. 그날 밤 어느 순간 마리아는 진통을 느끼기 시작했다. 친정어머니나 산파의 그 흔한 재래적인 도움도 받지 못하고 가축들에게 둘러싸인 채 그녀는 아들을 낳아야 했다. 이런 처지에 무슨 존귀와 영광이 있었겠는가! 만일 있었다고 한다면 안락한 집을 멀리 떠나 이 특별한 아이를 억지로 낳아야만 했던 그 기구한 십대 소녀에 대한 동정심뿐이었을 것이다. 하나님은 반복적으로 예수님의 인격의 주초는 휘황찬란함이 아니라 그 품성의 근간을 이루며 그 모든 행위의 지침이 되는 겸손이었다는 사실을 반포하고 계신 것이다.

왕이 태어났을 때, 그 왕국의 사신들이 의기양양해 하며 그 소식을 포고한다. 비록 그분이 귀족 혈통의 사신들을 보낸 것은 아니지만, 왕이신 예수님의 탄생도 예외는 아니었다. 천사들이 하나님의 전령으로 파견되어 그분의 탄생을 목자들에게 알렸다. 그 소식을 반포하는 일에 평범한 노동자들에 불과한 목자들이 선택되었다는 대목에서 겸손이라는 주제가 시종일관되고 있음을 본다. 왜 하필 목자들인가? 어째서 밀농사 짓는 농부가 아니었는가? 목수면 안 되었는가? 혹 음식 장사면 안 되었는가? 혹 대장장이면 안 되었는가?

나는 아마도 양을 안전하게 돌봐야 하는 목자들의 직무 때문에 그들이 최초의 반포자가 되었다고 믿는다. 분명 그 양들 대다

수는 어느 날 성전에서 속죄 제물로 드려지기 위하여 도살당해야 한다. 희생 제물로 쓰이는 양은 흠이 없어야 한다. 따라서 목자들은 양들을 철저히 보살펴야 한다. 추론컨대 비록 목자들은 자각하지 못했을지라도, 하나님은 그들이 하는 일을 그분의 구속 계획에 절대로 필요한 것으로 보시고 그 변변치 않은 자들을 사자로 택하셔서 그분 아들의 탄생을 전하는 최초의 반포자로 삼아 주신 것이다.

훗날 시작된 예수님의 사역에서도 겸손은 줄기차게 그분의 라이프스타일의 중심으로 나타난다. 그분이 목수 생활을 접고 가신 곳은 부유한 도시 근교가 아니었고 엘리트를 선발하여 지지자를 모으려 하지도 않았다. 그 대신, 그분은 아는 것이라고는 살기 위해 이 악물고 버둥거리는 것뿐인 그 유린되고 무지렁이 같은 자들을 선택하셨다. 심지어 그분은 거지들, 나환자들, 매춘부들의 친구가 되어 주셨다. 그분의 의도는 무엇인가?

"수고하고 무거운 짐진 자들아 다 내게로 오라 내가 너희를 쉬게 하리라"(마11:28).

그분은 어째서 그런 부족한 자들을 부르셔야만 하는 것인가? 겸손이 그분의 공생애의 기본적인 특성이기 때문이다.

12명의 사람을 택해서 중추적인 사명을 맡기고자 하셨을 때, 예수님은 신학대학원에 가서 교계의 탁월한 인재들과 면접을 하셨는가? 전혀 그렇지 않다. 그분은 꾀까다로운 몇 몇 어부들, 세리, 정치적 열성 당원, 의심 많은 회의론자를 둘러보셨다. 이들을 선택하셔서 땅 끝까지 전해야 할 그분의 말씀을 위탁하셨다.

　　삼 년간의 공생애 기간 동안 그분은 자기 소유의 집 한 채 없으셨다. 그분은 소유한 재산이 없으셨고 삶에 필수적인 물건들만 챙기셨고, 사람들이 가져다주는 것으로 생활하셨다. 그분은 차갑고 혹독한 날씨를 견디셔야 했다. 그분은 분명코 우리도 알고 있는 그런 똑같은 신체의 통증과 아픔으로 고통을 받으셨다. 의심할 나위 없이 그분은 피부에 고름이 차서 경결되기도 하셨고, 햇볕에 그을리기도 하셨으며, 각다귀와 모기들과 싸우셨으며, 감기에 걸리기도 하셨다.

　　그리고 기억하라. 이러하신 분이 "능력과 부와 지혜와 힘과 존귀와 영광과 찬송"을 받으시기에 합당하셨던 분, 곧 천국의 그 웅장한 예배의 중심이 되셨던 바로 그 그리스도이시다. 그런데 이제 그 지극히 높으신 왕께서 비하하셔서 낮은 곳에서 사신다. 그분이 이렇게 비하되심은 하나님은 겸손의 표상이란 것을 나타내고자 하시려는 오직 이 한 가지 이유 때문이다.

사도 바울은 일찍이 빌립보인들에게 이런 모습을 각인시켜 주었다.

　　"너희 안에 이 마음을 품으라 곧 그리스도 예수의 마음이니 그는 근본 하나님의 본체시나 하나님과 동등 됨을 취할 것으로 여기지 아니하시고"(빌 2:5-6).

　　바울은 이 본문에서 지금 에덴동산에서 아담과 하와를 유혹하여 하나님께 항거케 하는 데 사용했던 유인책을 마음에 두고 있는 것이다. "선과 악을 알게 하는 나무의 실과를 먹으라"며 사탄이 호리는 말을 하면서, "그러면 너희가 하나님같이 될 것이라"고 하였다(창세기 3장을 보라). 사탄의 꼬임은 아담과 하와가 그들의 삶의 방향을 하나님을 향하여 두지 않고 자신을 향하여 두었기 때문에 가능했다. 아담에게 이 나무의 열매를 먹지 말라고 금하신 것은 하나님께서 "내가 바로 선과 악의 궁극적인 지식을 가진 유일한 자이니, 나의 권위에 복종하거라, 그러면 내가 너를 인도하여 성공적인 삶을 살도록 해주겠다"는 의도셨다. 그와 반대로, 사탄이 하와에게 했던 하나님 같아질 것이란 말은 "네 좋을 대로 선과 악을 분별하면 된다. 네 자신을 궁극적인 권위로 삼으라. 네가 갈망하는 것에 열중하라"는 의미이다.

겸손의 반대인 교만의 극복

아담과 하와가 사탄의 올무에 걸려들자, 새로운 특성이 그들의 품성의 일부가 되었다. 즉 자기 마음의 욕구와 쾌락을 우선시하는 죄된 교만이다. 겸손의 반대이다. 교만은 욕망의 조정을 받는다.

교만이 뿌리를 내리자 이상적인 그들의 상태는 가루가 되고 말았다. 불신, 공포, 비난, 불안, 죄책, 분노, 고독 등이 그들 속에 밀고 들어왔다.

이 교만은 우리를 포함하여 아담의 후손들의 인격 속에 중추적 요소로 잔존하고 있다. 그것은 생각만 해도 골치 아픈 다음과 같은 습관의 밑바탕에 놓여 있다. 초조, 토라짐, 불안, 논쟁, 화가 나 굳게 닫힌 입, 색욕, 우월감, 과민반응, 습관성 지각, 비판적 성격, 게으름, 태만.

해당 사항이 있는가? 이런 습관들이 죄를 만나게 되면 교만에 의해서 휘둘리게 된다.

겸손보다는 교만의 성향을 가지는 것이 얼마나 쉬운지 알아보도록 하자. 다음 내용들 가운데 자신에게 해당하는 것들이 얼마나 되는지 살펴보라. 솔직하기 바란다.

- 다른 사람이 말하고 있을 때, 나는 끼어들어서 그 주제에 대한 내 주장을 펼치고 싶어 한다.
- 나는 겉으로만 인내하는 척할 뿐, 속으로는 참지 못해 버둥거린다.
- 누군가 내 문제에 대하여 지적해 주면 그것을 잘 받아들지 못한다.
- 다른 사람이 뭐라고 말하든 나는 내 주장에만 열중한다.
- 종종 대인 관계에서 내 입지를 염려하게 되고, 이 염려로 인해 불안해진다.

십중팔구 전부 다는 아니어도 각자 몇 개씩은 자기에게 해당하는 버릇들이 있을 것이다. 하나도 없다면 그건 뭔가 이상한 것이다. 이것은 자신의 약점을 발견하는 하나의 단서가 된다. 그 내용으로 돌아가서 자기에게 해당하는 것이 몇 가지나 되는지 점검해 보라.

교만이 생각만 해도 골치 아픈 습관들의 중추라면, 이제 진실로 바람직한 습관들을 갖기 위해서 필요한 것은 겸손이란 논리가

성립된다 : 온유, 용서, 사랑, 만족, 인내, 신뢰할 만한 적극성, 경청, 격려, 기쁨, 절제.

이런 각각의 특성들은 하나님이 바라시는 것을 위하여 우리가 자신에 대해 그동안 가지고 있던 선입견을 버리고자 할 때에만 획득이 가능하다.

예수님은 우리의 교만을 허무시고 우리의 겸손을 되살리시기 위하여 인간이 되셨다. "새 아담"이신 그분은 하나님이 기뻐하시는 삶의 방법이 무엇인지 보여주시는 전혀 다른 모델로서 우리도 겸손에 잇대어 살 수 있도록 해 주신다.

사도 바울은 예수님의 겸손을 이런 식으로 표현하였다.

"오히려 자기를 비어 종의 형체를 가져 사람들과 같이 되었고 사람의 모양으로 나타나셨으매 자기를 낮추시고 죽기까지 복종하셨으니 곧 십자가에 죽으심이라"(빌 2:7-8).

교만은 예수님께 속해 있는 품성이 아니다. 그분은 자기 자신이 아니라 온전히 하나님의 영광을 위하여 사셨다.

의지를 가지고 자아 중심의 삶을 버리려고 힘쓰기 시작할 때, 우리도 겸손해질 수 있다.

자아 중심을 포기함

1980년 여름에 나는 수상 스키 사고로 거의 죽을 뻔하였다. 나무 그루터기 더미 속으로 스키를 탄 채 돌진해 들어가 버린 바람에 다리와 골반, 그리고 오른 팔 쪽에 12군데 복합 골절을 입는 부상을 당했다. 내장들도 다쳤고, 양쪽 폐에도 문제가 있었다. 진료 보조원들과 의사들, 그리고 간호사들로 구성된 응급처치팀 덕택에 가까스로 목숨만은 건질 수 있었다. 이 날까지도 나는 그들 모두에게 심심한 감사를 드린다.

처음 8주간 병원에 입원하고 있는 동안, 나는 니카라과에서 간호사로 있다가 망명한지 얼마 안 되는 미구엘을 만났다. 30대 초반인데도 벌써 그의 관자놀이 주변이 흰머리로 희끗희끗했다. 언제 봐도 활짝 웃는 얼굴을 하고 있었고, 부드럽고, 검은 눈동자에 목소리는 차분하고 평온했다. 키는 180센티미터 정도로 나와 비슷했지만, 몸무게는 나보다 최소한 22킬로그램은 더 나가는 듯했다.

병원에 입원해 본 적이 있으면 알겠지만 간호사나 보조원들이 실제에 있어서는 환자들을 거의 상투적으로 돌보고 있다. 미구엘과 사귀면서 나는 그의 능력을 매우 신뢰하게 되었다. 왜냐하면 그가 예전에 의과 대학에서 수련을 받았던 적이 있다는 것을 알았기 때문이다. 그는 길거리에서 아무렇게나 데려온 노인 복지사가 아니었다. 그는 자기가 무엇을 할지 아는 사람이었다.

집중 관리실에서 미구엘이 일하고 있는 정형외과 병동으로 옮겼을 때, 나는 탈골된 12군데에 가해지는 가공할 통증에 시달렸다. 제대로 자리 잡고 누워 있을 수 없을 지경이었다. 내장에 문제가 생겨 두 번에 걸친 수술을 받았고, 몇 주 안에 세 번의 수술을 더 받아야 했다. 한쪽 다리는 견인되어 있었고, 다른 다리와 오른쪽 팔에는 붕대가 감겨 있었다. 얼굴은 산소마스크를 하고 있었다.

이런 상황에서 미구엘을 처음 만났던 것이다. 그는 나에게 가능한 한 편안하게 나를 지켜주는 것이 자기가 할 일이라고 일러주려는 것 같았다. 그의 눈동자가 나에게 그런 식으로 말하는 듯했다. 그는 나를 도와 면도도 해 주었고, 씻겨도 주었다. 그 덕분에 먹고 마실 수 있었다. 그는 가까이에 얼음을 두었다가 열이 오를 때마다 내 이마에 올려놓아 주어 쉽게 열이 떨어지게 하였다.

특별히 첫 번째 서너 주간 동안 내가 겪었던 고통은 너무도 심하게 지속되어서 뭐라 표현하기가 어렵다. 물론 가족들과 병문안을 온 분들이 위로도 해 주었고, 용기도 주었지만, 미구엘 만큼은 내가 겪고 있는 고통을 완벽하게 이해하고 있었다.

　　나의 필요를 능수능란하게 내다보는 그의 노련함에서 나는 그를 신뢰하기 시작하였다. 걸을 수는 없었지만, 나의 병은 차도를 보여 일명 캐딜락이라고 부르는 안락형 휠체어에 탈 수 있게 되었다. 내가 그 캐딜락에 오를 때면, 미구엘은 베개들을 내 무릎 밑에 넣어주어 통기가 될 수 있게 하였고, 내 양다리를 꾸욱 힘을 주어 눌러주었다. 아주 사소한 제스처였다는 것을 나도 안다. 하지만 내가 해달라고 하지도 않았는데 그가 해 준 것이다. 그런 제스처가 그에 대하여 모든 면에서 고마움을 느끼게 해 주었다.

　　한번은 나의 병실에 우리끼리 있을 때, 그에게 말했다.

　　"미구엘씨, 당신처럼 아픈 사람을 배려해 주는 분은 난생 처음입니다. 진정으로 감사드립니다."

　　"별거 아니에요"라며 그가 말했다.

　　"난 다리가 부러진 적이 없답니다. 그렇지만 당신을 도울 때마다 생각을 하죠. 만일 내가 아팠다면 무엇을 원했을까? 그리고는 당신께 해드린 것 뿐이에요."

　　그의 목소리는 차분했고, 그가 했다는 생각 또한 상투적인 것으로서 별거 아니라고 말하고 있지만, 미구엘은 정말이지 얼마나 특별한 사람이었는지 모른다.

"미구엘씨, 내가 듣기에 당신은 한 때 의과 대학에 들어가서 수련하다가, 당신의 나라를 떠난 후로 피치 못하게 그 꿈을 포기해야만 했다던데, 의사 대신 간호사로 일하고 있어 실망되지는 않나요?"

"아, 아니오, 절대 그렇지 않습니다. 수술을 집도하거나 처방전을 써주지 않는다 해서 마음 상하거나 그러지 않습니다. 내가 하고 싶은 것은 어디서든 최전방에 서서 누군가를 돕는 일입니다. 누가 무슨 일을 하느냐는 문제가 안 됩니다. 우린 모두 한 팀이거든요."

그런 태도는 우리가 주변에서 흔하게 볼 수 없는 각별한 것임에 틀림없다. 우리 대부분은 비천한 업무에서 어떻게 해서든 멀리 벗어나길 갈망하고, 영광스런 지위를 목표한다. 그러나 미구엘은 자기가 서있는 자리에 개의치 않았다. 그는 있는 위치에서 기쁨을 잃지 않았다.

미구엘과 함께 하면서 그를 지켜보는 가운데 나는 내 자신의 삶에 대하여 생각해 보았다. 나는 자문해 보았다.

'얼마나 나는 비천한 업무들을 기꺼이 하려 하는가? 내가 무

엇을 할 때 사람들은 과연 나를 신임해 줄까?'

미구엘의 태도로 말미암아 나란 사람이 내가 생각했던 것보다 더욱 자아 중심적인 사람이란 것을 깨달았다. 내가 자기본위로 살았다는 것을 보여주는 온갖 종류의 실례들이 마음속에서 튀어 올랐다. 다른 사람의 대화에 툭하면 끼어들고, 참지 못했으며, 이래라 저래라 하며 참견하며 살았다. "나를 우선하는" 사람으로 살던 삶을 청산하고 좀 더 미구엘같아지기를 원했다.

당신의 자아와 사상과 욕구를 어떠한 성향이 선점하고 있는지 진단해 본 적이 있는가? 자기 본위의 성향은 누가 보더라도 확연하게 드러나는 '오만'과 같은 형태로는 나타나지 않는다. 그것은 매일 접하는 일상적인 환경들 속에 등장한다.

아래의 시나리오 가운데 당신과 관련된 것이 있는가?

- 당신의 배우자가 당신이 좋아하는 목소리 톤으로 말하고 있지 않다. 그러자 당신은 매너고 뭐고 다 집어 치우고 거칠게 반응한다.
- 당신의 아이가 도와달라는 당신의 요구를 무시하고 있다. 그러자 당신은 퉁명스런 어투로 말한다.

●당신은 한 친구가 가족과 멋지게 시간 보낸 이야기를 들으면서, 속으로 이렇게 반문한다. "나는 왜 그런 좋은 운이 따르지 않는거야?"

자기 본위적인 경향을 가지고 있다고 해서 이상하게 여기지 말라. 우리 모두다 마찬가지다! 18개월 된 아기의 행동에 주목하라. 그 아기에게는 자기의 그 조그만 세계가 전부이다. 아기는 하고 싶은 것을 하게 하면 행복해 한다. 못하게 하면 금방 울어 버린다. 매우 단순하다. 어린 아기는 인간의 본성에 있는 자아 중심의 면모를 그대로 보여준다. 아기가 성장하여 나이가 들게 되면, 이런 자기 본위적인 특성에 근간을 이루던 요소들 중 얼마는 버린다. 하지만 나머지는 늘 잔존한다. 이는 우리가 "아담 안에" 있기 때문이다.

자아 중심적인 성향에 저항하면서 겸손을 계발하는 가운데 우주의 중심은 우리가 아니란 것을 터득하게 된다. 겸손하게 되면, 인생이란 절대로 사적인 흥미에 따라 가늠되어서는 안 되는 것이기에, 비록 가끔씩 자기 하고픈 대로 살려는 충동이 생기기도 하지만, 타인에게 내 기분대로 따르라고 요구하지 않아야 한다는 것을 이해하게 된다.

나는 미구엘에게 니카라과에서의 생활에 대하여 말해달라고 요청했다. 그러자 그는 껄껄대면서 말하였다.

"그곳은 매우 다른 곳이랍니다. 여기서는 더 가지고 싶으면 얼마든지 더 많이 가질 수 있죠. 거기서는 가지고 싶은 만큼 가질 수 없답니다."

그는 나에게 아내와 6명의 자녀들을 부양하기 위해 주로 건설 현장에서 잡부역할을 하던 한 평범한 노동자의 아들이었다고 말하였다.

"우린 가난하단 걸 전혀 알지 못하고 지냈어요. 왜냐하면 우리나 이웃들이나 가지고 있는 게 모두 비슷했거든요."

미구엘은 학업이 매우 우수했기 때문에 다른 형제들이 학업을 그만둔 후에라도 계속해서 너 만큼은 공부하면 좋겠다는 소리를 들었다. 그럼에도 불구하고 그는 자기 짐을 가족들에게 미루고 싶지 않았다. 어린 시절부터 그는 형제들과 누이들이 했던 것처럼 마을에서 허드렛일들을 하였다.

"우리 모두는 돈을 공동 관리 했기 때문에 한 가족으로서 우리는 결코 부족함이 없었답니다."

함께 일하는 자세를 가졌던 미구엘은 자신만을 위하는 자가 되지 않을 수 있었다. 그는 자신만을 챙기려 하지도 않았고, 또 그런 생각은 아예 가지고 있지도 않았다.

십대 후반에 미구엘은 한 소규모 지방 병원에서 일할 수 있는 기회가 생겼다. 그는 각양각색의 환자들을 실제로 돌보는 일에 보조로 일을 하였고, 수술실 일에서부터 응급실 도우미까지 했다.

"우리 일을 지휘 감독하는 전문의들이 여럿 있었지만, 네 것 내 것 가려가며 일할 처지가 아니었어요. 어느 때 무슨 일이 벌어져 누가 필요하게 될는지 도무지 예측할 수 없었기 때문이죠. 침상이 필요하다면 그것을 만들어야 했고, 의사가 수술실 보조가 필요하다고 하면 그 일을 해야 했답니다."

미구엘은 전체의 유익을 도모하기 위해 각자 자아를 포기하면 모든 사람이 혜택을 누린다는 것을 알고 있었다. 나는 그런 태도가 좋았다. 나는 어느새 그에게 배우고 있었다. 미구엘이 나에게 가르쳐준 한 가지는 비록 숙련된 자가 아니라 하더라도 마음만 옳게 가지고 있으면 하나님께서는 얼마든지 그런 사람을 사용하실 수 있다는 점이다.

겸손이란 하나님이 우리 앞에 두신 역할이 무엇이던지 간에 진심에서 우러나서 우리가 기꺼이 그분께 쓰임을 받고자 하는 것을 의미한다. 환경 앞에서 조바심을 내며 "내게 무슨 이익이 생기는데?"라는 식의 태도 대신에, 겸손한 마음으로 우선 전체라는 큰 그림부터 보고 각 사람이 필요로 하는 것이 뭔지를 살펴야 한다.

돌이켜보면 나는 8주 동안 병상에 누워서 겸손에 대한 상당량의 가르침을 받았다는 것을 알 수 있다. 병원이 강의실이 되었으리라고는 꿈도 꾸지 못했고, 미구엘이란 한 간호사가 최고의 교수였으리라고는 기대도 못했다. 그렇지만 거기에 그가 있었다. 계획이 버그러져서 교육도 변변히 받지 못한 이력을 가진 그가 나를 제대로 가르쳐 주었다. 나를 말이다. 그 겸손한 미구엘은 세상 그 어디에도 지원서를 넣어본 적이 없지만 모든 학위들을 다 가진 듯한 사람이었다.

자아 중심적인 성향을 포기하는 것 외에, 겸손해지려면 우리는 또한 자신의 한계를 인정해야만 한다.

한계를 깨달음

상식적으로 볼 때, 세상은 내 마음대로 움직여지지 않는다. 상대의 마음속을 절대 들여다 볼 수도 없고, 상대방 마음을 내 식대로 개조시킬 수도 없다. 아무리 아이라 할지라도 내 뜻에 따르라고 강요할 수 없다. 내 감정도 아무리 노력해 봐도 내 맘대로 조절이 안 된다. 인간이란 그 가진 한계성 때문에 하나님 같은 능력을 가질 수는 없는 것이다.

교만이 발동하게 되면 그런 상식이 소용없게 된다. 제 분수도 모르고 마치 자기는 아무런 제약도 받지 않고 뭐든 제멋대로 다 하며 살줄 안다. 예를 들어, 교만은 우리가 누군가에게 거절당했다는 생각이 들면 불신감을 가지게 하여 우리를 부루퉁하게 만들거나, 아니면 마치 상대방도 우리처럼 살아야만 되는 양, 그와의 차이점으로 인해 맹비난을 퍼붓게 한다.

나는 미구엘과 그의 가족이 정치적 망명을 위해 미국으로 피난해 왔단 것을 알았다. 어쨌든 그들은 공산주의 군사 정권이 기존 정치 구조를 교살시키고 피도 눈물도 없는 매정한 정국으로 니카라과를 몰아가고 있는 것을 보고 그 나라를 떠날 것인가 아니면 그대로 남아서 죽음의 공포에 시달려야 할 것인가를 정해야만 했다. 그가 피난을 나오기 전, 미구엘은 의과대학 예과에 재학하고 있었지만, 이제 모든 것을 뒤로한 채 떠나야만 하였다.

사고와 더불어 받을 수 있었던 나의 훈련도 거의 끝나갔다. 그런데 자연스럽게 자문을 해 봤다.

"만약에 갑자기 내 직업상의 목표를 다 포기하고 미지의 나라로 피신해 가야하는 일이 생긴다면 나는 어떻게 지냈을까?"

그러한 생각에 마음이 움찔했다. 그래서 어느 날 저녁 미구엘의 업무량이 많지 않은 시간에 나는 재차 질문했다.

"의학 공부를 하려던 계획을 완수할 수 없었던 것 때문에 미칠 것 같지 않았나요?"

"왜 그래야 하죠?"

"뭐라고요? 다시 한 번 대답해 주실래요?"

누구라도 내가 반문하고 있는 이유를 이해하리라 여겨진다. 내가 만일 그와 똑같은 일을 당했더라면 나는 비통한 마음에 환멸을 느끼며 무척 괴로워했을 것이다. 그리고는 "어쩌란 말이냐?"라며 심하게 투정을 부리면서 마음에 자포자기했음에 틀림없다.

"우리나라에서 공산당이 봉기하는 것을 막을 능력이 나에게는 없었습니다."

미구엘이 참을성 있게 설명하였다.

"공산주의자들이 우리 조국을 망쳐 놓은 게 사실입니다. 나도 사나이입니다. 사회주의 세상이 되는 걸 막아보려 했죠. 단호한 태도로 항쟁하고 싶었답니다. 하지만 가족들이 함께 모여서 어떻게 해서든 우리는 자유를 찾아야만 한다고 결정했지요. 나는 내가 조절할 수 없는 일들을 놓고 속 태우는 짓은 안합니다."

내가 세상을 살면서 전에 배웠던 것은 가능한 한 자기 일에 보다 많은 책임을 져야 한다는 것이다. 그것이 좋게 여겨졌을 때, 나는 확실히 책임감의 경계를 넘어 교만에 이르게 되었다. 미구엘은 분명 고향과 친구들을 잃었다. 그는 그가 예상했던 것보다 훨씬 더 험난한 인생길을 걸었다. 하지만 그는 진짜로 분노하지 않았다. 사실 그는 만족해 보였다.

당신도 나와 같은가? 당신도 자신의 한계를 받아들이는 게 어려운 편인가?

하나님께서도 인간과 교제를 나누시기 위하여 스스로 한계를 정하셨다(요즘도 그러하신다). 예수님이 말씀하셨을 때는 권세 잡은 자처럼 하셨지만, 때로 그분은 그런 딱딱한 접근법을 사용하지 않으셨다. 그분은 우리에게 훌륭한 기질들을 가르쳐 주고 싶어서 몸살이 날 정도이셨지만, 그분의 가르침을 거절하는 사람도 그냥 인정해 주셨다.

우리가 스스로 한계를 정해 놓고 겸손하게 살아갈 때, 겪게 될 일들 가운데 몇 가지를 생각해 보자.

- 자신을 완벽하게 보이려고 애쓰는 대신, 당신은 부끄러워하지 않고 타인에게 자신의 꾸준히 성장하는 모습을 보여줄 수

있다.

- 누가 당신에게 직접 문제를 제기하면, 당신은 자신을 방어하지 않고 들어줄 수 있다.
- 당신이 누군가와 마주 대하고 있을 때, 당신은 상대방과 눈높이를 맞추어야 한다는 사실을 잊지 않으려 할 수 있다.

우리가 자신의 한계를 깨닫게 되면 자유와 힘을 경험한다. 슈퍼맨이 될 필요가 없기 때문에 자유하고, 하지도 못할 일을 놓고 끙끙거릴 필요가 없어져 안정감이 들기 때문에 힘이 생긴다.

일단 자아 중심적 성향을 포기하고, 자신의 한계를 알게 되었다면, 능히 종의 마음을 가질 수 있다.

종의 마음을 받아들임

겸손에 관한 바울의 설교에서 그는 예수님을 "종의 형체를 가져"라고 묘사한다. 비록 종이라는 단어는 오늘날 흔히 쓰이지 않는 말이지만, 그 용어는 그리스도의 겸손에 대한 풍성한 통찰력을 제공한다.

로마의 통치기에 주인은 노예를 방면하여 줄 때, 이 사람은 더 이상 노예로 매어있는 자가 아니라고 쓰여 있는 공식 문서를 발급해 주었다. 그러면 그 노예는 자유인이 된다. 그런데 때때로 이제 막 자유인이 된 그 사람이 자기 주인에게 이르기를 "비록 내가 선택한 것을 내 맘대로 행할 수 있는 자유가 주어졌지만, 당신에게 머물면서 당신의 종으로 살고 싶습니다. 물론 내가 자유인이란 것을 우리 둘이 알고 있지만, 그래도 나는 여전히 노예처럼 행동할 것입니다."라고 말하기도 한다. 그러면서 계약에 의한 종이 되는 것이다.

예수님은 이러한 종의 마음을 가지고 첫째는 하나님께 헌신하셨고, 다음으로는 사람을 위하여 희생하셨다. 비록 그분은 자신이 원하는 시간에 자신이 원하는 일을 행하실 능력을 가지고 계셨지만, 그분은 자기를 필요로 하는 자들을 위해 자유로운 계약직 종이 되고자 하셨다. 그래서 그분은 자기 본위로 살지 않으시고 대신 그분이 사랑하는 자들을 위해 사시는 것을 좋아하셨다.

다양한 여건들 속에서 늘 종의 태도를 견지하기란 쉽지 않다. 어떤 남편은 자기 아내가 자기를 더욱 존경해 주기를 바라면서 이렇게 생각할 수 있다.

'내가 그녀의 종이 된다면, 그녀는 내 착한 마음을 역이용할지 모른다. 남편은 하늘이란 걸 보여줘야지.'

어떤 어머니는 '난 온 종일 아이들 뒤치다꺼리만 하고 있어. 언제 쉬어야하지?'라고 할 수 있다. 어떤 관리자는 '내가 직원들을 너무 편히 대해주면 생산성이 떨어질 꺼야'라고 여길 수 있다. 어떤 친구는 '사람 좋다는 소리를 듣게 되면 이것저것 다 시켜서 힘에 부치게 될지도 몰라'라고 믿을 수 있다.

당신도 그와 유사한 생각들을 가져 본 적이 있는가? 나는 가져 보았다. 누군가 우리를 혹사시킬 수 있는 가능성이 상존한다고들 생각한다.

"종처럼 살면 문제가 생긴다. 그러니 그러지 말자!"

이런 흑백 논리적 사고방식이 문제이다.

성급히 굴지 말라! 그렇다, 종처럼 산다는 것을 사람들이 몰라 줄 수도 있다. (확신컨대, 예수님은 그분으로부터 좀 더 많은 혜택을 받기 원하는 사람들로부터 상당한 묵언의 요구와 간청을 받으셨을 것이다.) 그렇다고 우리가 모든 사람에게 뭐든지 다 해 줄 수는 없는 법이다.

하나의 좋은 사례가 있다. 주님은 체포되시기 직전 제자들과 밤중에 함께 교제하고 계셨다. 유월절 음식을 잡수시기 전에 씻는 전례가 있었는데, 전통적으로 무리 가운데 최연소자나 가장 낮은 자가 대야에 물을 떠다가 그곳에 있는 사람들의 발을 닦아 주었다. 리더이신 예수님은 몸소 이 일을 행하시어 제자들 모두의 발을 씻어 주셨다. 조용히 아무 말씀도 없이 속옷까지 걷어 올리시고 대야를 가져다가 이 영광스럽지 못한 일을 아무렇지도 않게 수행하셨다.

왜 그분이 이런 일을 하였겠는가? 강력한 메시지를 주고 계신 것이다. 우리 하나님은 섬기는 하나님이시다.

미구엘을 알게 되었을 때, 나는 눈을 꾹 감고 그가 과연 언행이 일치되는 태도를 가진 자인지 가늠해 보았다. 그는 늘상 의사들의 회진이 끝나면 곧바로 내 병실로 들어왔다. 나는 그가 의사들과 호흡을 딱딱 잘 맞추고 있다는 것을 알아차렸다. 그는 의사들의 처치를 명확하게 간파하고 있었는데 마치 자기는 의사들의 발바닥이라도 핥을 수 있다고 나에게 말하는 것 같았다. 나는 그가 내용변을 도와주거나 혹 목욕을 시켜줄 때와 마찬가지로 여느 하찮은 일을 거들어 줄 때에도 착실함과 열정을 일정하게 유지한다는 것을 알았다.

내가 그에게 "미구엘씨, 여기서 일하는 게 피곤하지 않습니까?"라고 묻자, 그는 나에게 그의 진심을 보여 주었다. 그는 말하기를 "내가 이 일을 마지못해 하는 것이라면 물론 피곤하겠죠. 하지만 내가 하고 싶어서 하는 거랍니다"라고 하였다.

"심지어 변기통을 비우는 일도요?"

그는 이를 드러내고 싱긋 웃었다(그도 인간이었단 걸 알게 되니 기뻤다).

"물론 그걸 굉장히 매력적인 일이라고 할 순 없죠. 그런데 일을 하다보면 어디 좋아하는 것만 할 수 있나요?"

이런 종처럼 일하는 정신은 원래 자신의 위대함은 그런 사소한 것에서 발견된다는 것을 아는 성숙한 사람만이 가질 수 있다. 우리의 부르심은 권세를 부리기 위해서가 아니라 대신 종의 역할을 감당하기 위한 것임을 잠시 생각해 보자.

예를 들어, 매일 애들 뒤치다꺼리하는 데 온 힘을 쏟아야 하는 어머니는 그 판에 박힌 일을 일상에서 무덤덤하게 되풀이할 수도 있지만, 대신 애들 돕는 걸 즐거워하는 모습을 보여줌으로써 자기의 태도와 행동으로 자녀에게 친절과 배려를 가르쳐 줄 수도 있다.

남편들도 한 집의 가장으로서 자기의 위치만 고집하며 왕처럼 군림할 것이 아니라 종의 역할을 감당해야 한다. 그러면 자기 아내와 아이들을 도울 수 있다는 것이 얼마나 특별한 것인지 알게 될 것이다. 가정의 사소한 일들을 기꺼이 도울 때 진정한 가장이 되는 것이다.

일터에서, 종의 역할을 감당하고자 하는 관리자는 업무만을 다그치는 자가 아니라 자기 직원들의 사기를 높여 주며 일을 부릴 수 있다. 종과 같은 관리자는 사람들에게 동기부여를 해 주는 최선의 방법은 격려라는 것을 안다.

미구엘을 알게 되기 전에 나는 겸손이란 엎드려서 사람들이 그 발로 나를 문대도록 하는 것이라고 생각했다. 그러나 나는 잘못 생각했다. 아주 크게 잘못 생각했다. 겸손이란 도리어 강해지는 것이다.

겸손한 사람이 사람을 강하게 만드는가?

병원에 입원하고 있을 때, 우리 병동에 수습 간호사 한 명이 새로 들어왔다. 어느 날 아침 이 어린 숙녀가 미구엘이 일하고 있을 때 내 골절된 팔의 붕대를 갈아주고 있었다. 그녀가 내 환처를 다루고 있는 모습이 어딘지 엉성한 것을 알아차린 미구엘은 다가와서 그녀에게 보다 적절한 처치법을 일러주는 것이었다. 그는 점점 나아지고 있는 그녀의 처치 기술을 보고서 그녀가 애쓰고 있는 것을 칭찬해 주었다.

그녀가 병실을 나간 뒤 나는 그를 올려다보고 웃으며 말했다.

"날 구해줘서 고맙소. 당신이 끼어들지 않았으면 그녀는 지금쯤 엉엉 울면서 내게 용서를 구했을 겁니다."

우리 둘은 웃었다.

"음, 능력 있는 사람이 상대방에게 모욕을 주지 않으면서 그를 거들어 주면 말이죠…" 미구엘이 말했다. 그 다음 그는 조용히 덧붙였다. "그가 배우게 되죠."

나는 속으로 생각했다.

'주님, 이렇듯 뼈가 부러진 채 누워있는 게 싫은 것 아시죠? 하지만 미구엘 같은 친구가 내게 얼마나 절실히 필요했는지 아시고, 그를 내 삶 가운데 보내주신 것 참 감사합니다.'

우리는 강력하게 자기주장을 펼쳐야 할 때, 한결같이 상대를 존중하고 인정해 주는 것이 필요하다. 다른 사람을 배려하려 할 때, 우리는 먼저 그들의 가치를 알아주는 것이 필요하다. 때로 우리가 자녀들에게 야단을 칠 때 이런 섬세한 균형 감각을 가지고 있어야 그들이 꾸중을 들으면서도 여전히 자기는 사랑받고 있다는 것을 알게 된다. 아랫사람을 질책하게 될 때, 우리 자신도 그 사람만큼이나 여러 면에서 완벽하게 일처리를 못하고 있다는 것을 깨달아야 한다. 동료와 언쟁을 하게 될 때, 내 말만 할 것이 아니라 상대의 말도 충분히 경청하고 있다는 것을 보여줘야 한다.

우리가 겸손하게 행동하면 사람들은 우리에게 어떤 식으로 반응할까? 재차, 이에 관한 우리 주님의 생애를 들여다보자.

예수님에 대한 사람들의 반응

우리는 예수님의 겸손에 대하여 사람들이 빈번히 경외와 존경심으로 반응했을 거라고 생각한다. 목자들은 낮아지신 모습으로 오신 그분을 보았을 때 하나님을 찬양하며 그분께 경배하였다. 예수님이 무리들을 섬기시면서 그들을 고쳐주셨고 은혜와 용서라는 새로운 진리들을 가르쳐 주셨을 때, 군중들은 그분을 좋아했고 더 많은 것을 간청하였다. 겸손은 사람들에게 굉장히 선한 것을 가져다주는 수단이다.

그런데 최악의 반응을 보였다.

예수께서 십자가에 오르셨을 때 백부장과 강도 한 사람만 빼놓고 군병들과 종교적 엘리트들은 하나같이 그분을 조롱하고 비웃었다. 박사들은 그분께 경배하기 위해 찾아왔지만, 헤롯왕은 그분을 죽이려고 음모하였다. 열한 명의 사도들은 그분을 주님으로 존경했지만 한 사람은 그분의 원수들과 짝짜꿍이 되었다.

하지만 어떤 사람은 경건한 사람에 의하여 하나님께 굴복한다. 권력만 좇던 사람이 우리의 착한 행실을 보고 마음을 고쳐먹는다. 우리의 겸손은 사람들의 반응에 좌지우지되지 않는다. 우리가 겸손을 받아들이는 것은 그것이 하나님의 성품의 핵심이기 때문이다. 오직 그 이유 하나만으로도 우리가 집중할 가치가 있다.

나는 미구엘이 나에게 해준 모든 것으로 인하여 내가 입원해 있는 동안은 물론 그 이후로도 그에게 감사한다. 일 년 동안 나는 지팡이를 잡고 걸어야 했고, 주로 무릎 부분에 몇 차례에 걸쳐 소소한 외과적 처치를 받아야 했다. 지금은 상처에서 회복이 되어 적어도 일상생활을 하는 데는 지장을 받고 있지 않다.

어느 토요일 저녁, 나는 한 친구가 불의의 사고로 병원에 입원했다는 말을 듣고 안부를 묻기 위해 그 친구의 입원실을 방문했다. 그 병실에서 누가 간호하고 있었는지 상상해 보라! 미구엘이었다. 13년만에 가지는 그와의 조우였다. 나보다 22킬로그램 더 나가던 그의 풍채는 여전했고, 그의 머리는 흰머리가 무성했다.

그는 나를 돌봐주던 것처럼 내 친구를 돌봐주느라 분주했다.

환자복을 입고 등을 대고 누운 채로 서로 긴긴 시간을 지냈던 사이였지만 그래도 오랜 세월이 흘렀기 때문에 나는 그에게 "이 보시오, 미구엘씨 나를 알아보겠소?"라고 그에게 물을 수밖에 없었다.

그는 내 얼굴을 골똘히 쳐다보더니 파안대소를 하였다.

"예, 수상스키 타다 홱 뒤집혔던 그 분!"

그는 나의 목을 얼싸 안았다. 참 기분이 좋았다.

나는 그에게 다른 사람의 각별한 돌봄이 필요했던 그 시절 나에게 그가 베풀어준 사랑과 관심이 얼마나 소중했는지 말하였다.

"그 당시 당신에게 어떻게 감사를 표현해야 할는지 많이 고심했었어요." 나는 말했다.

"하지만 말로써 밖에는 내가 달리 할 수 있는 것이 없었죠."

예수님은 그 웅장한 하나님의 보좌와 천국의 처소를 버리시고, 미구엘과 같이, 고향을 등진 난민처럼 되어, 교만으로 인해 깨어지고 더럽혀진 우리 영혼을 치료하시기 위하여 기꺼이 종이 되셨다. 내가 미구엘을 다시 만났던 것처럼, 언젠가 우리는 예수님을 다시 만나 영원토록 그분께 감사하다는 말을 드리게 될 것이다. 그리고 그곳에 먼저 온 수많은 무리들과 합류하게 될 것이다. 영원토록 말이다.

한편, 나에게 예수님의 겸손을 감지할 수 있게 해준 미구엘에게 감사를 드린다.

◤ 읽을 말씀: 요한계시록 5장 / 요한계시록 21장 / 누가복음 2:1-20

1. 왜 그리스도께서는 겸손을 그토록 그분의 인격 속에 필수 요소로 생각하셨는가?

2. 교만과 자기 본위적인 생각은 각종 행동 방식들과 인격의 범주에 광범위하게 나타날 수 있다. 당신의 삶 가운데 교만이 나타나는 경우들을 목록으로 열거해 보라.

3. 겸손은 교만의 반대인데, 위 질문에서 당신이 열거한 목록들을 다시 살펴보면서 각 항목별로 그런 교만한 모습에 반대되는 것이 무엇인지 적어 보라.

4. 어떤 사람은 겸손은 당신이 불합리한 취급을 당할 때 아무런 불평도 하지 않고 그것을 받아들이는 것이라고 한다. 당신 생각은 어떠한가?

5. 분노의 감정을 겸손으로 다스리려면 당신은 어떻게 해야만 하는가?

6. 하나님을 예배하고 그분의 말씀을 공부하면서 그분과 교제할 때, 어떤 식으로 하는 것이 겸손한 행동일까?

3 그리스도의 온유

어린아이가 그분께로 오다

● 마가복음10:13-16

스무 살에 텍사스 주 와코 시에서 대학에 다닐 때 나는 근처 초등학교의 통학버스를 운전하는 직업을 가졌었다. 첫 날부터 나는 알버트를 보았다. 나는 그를 그 무리의 대표적인 사고뭉치로 점찍어 두었다. 대부분 초등학교 어린이들은 그래도 어른 공경하는 자취가 남아있기 때문에 나의 꼬마 승객들 대다수는 별 큰 문제없이 통제가 되었다. 오직 알버트만 빼면 말이다.

나는 빛바랜 진과 소매가 잘린 스웨터를 입고 다녔는데 아마도 그 때문인지 알버트는 어찌나 사람을 무시하던지 내 말에는 콧방귀도 안 뀌는 것이었다. 종이 씹어 뭉친 것을 던지고, 여자 애들 귀를 간질이며 괴롭히고, 소리를 질러대며, 싸우려고 덤비는 것이 이 아홉 살 난 사내아이의 일상생활 모습이었다. 그 아이는 절대 새 옷을 입고 다닌 적은 없고 검정 곱슬머리는 한 번도 빗질을 하지 않은 듯 항상 떡져 있었다. 그가 움직이는 곳마다 문제가 발생하였다.

나는 내가 아는 온갖 방법을 다 동원하여 알버트를 진정시켜 보려 하였다. 버스를 길옆으로 대고 알버트가 조용해질 때까지 움직이지 않겠다고 으름장도 놓아봤다. 친구들의 압력에 잠시 잠잠해지는가 싶더니만 그것은 어디까지나 내 생각일 뿐 금세 그는 언제 그랬느냐는 듯이 다시 나대기 일쑤였다. 나는 그를 운전석 바로 뒤에 앉혀보기도 했지만, 오히려 그것은 나에게 더욱 방해만 될 뿐이었다. 또한 껌을 뇌물로 줘 보기도 했지만, 다른 아이들도 서로 달라고 아우성을 쳤기 때문에 오히려 역효과만 났다.

만약에 당신도 그 같은 아이와 함께 이와 유사한 상황에 처해진다면 그 한 명의 사고뭉치에게 온통 정신이 팔려 끝도 없이 혼자 이렇게 자문해야 할 것이다. '뭘 어떻게 해야 그 아이를 내 뜻에 따를 수 있게 할까?'

11월이 되자 와코 시에 갑자기 계절을 알리는 첫추위가 몰아닥쳤다. 학교가 파한 오후 아이들은 서로 밀치며 차에 올라와 커다란 운전대 바로 옆에 있는 대형 히터에 몸을 기대며 추위에 떤 몸을 녹이느라 정신이 수선스러웠다. 알버트는 특히 더 추워했다. 왜냐하면 그가 걸친 것이라고는 헤어진 카키색 군복과 더러운 티셔츠 한 장 뿐이었기 때문이다. 그는 추위를 저주하며 자기는 겨울을 미워한다고 말했다.

그런데 행운이 찾아왔다(어째서 항상 이런 식으로 올까?). 차량 운행 가장 마지막 순서가 바로 알버트였다. 그는 내 뒤에 앉아서 한쪽 정지 신호 장치를 가지고 놀고 있었다. 그때 내가 물었다.

"알버트, 오늘 아침 재킷을 집에다 두고 왔니?"

반항조로 그가 대꾸했다.

"난 재킷 없어, 그게 싫단 말이야!"

나는 잘 알고 있다. 연중 이 차가운 북풍이 텍사스 중부에 부는 때는 그 지독했던 여름의 폭염도 까맣게 잊게 할 정도로 매서운 추위가 찾아온다. (최소한 추위는 피하고 보는 게 상책이니 실내에서 가만히 지내야 한다.) 겨울 북풍이 사라질 때까지 사람들은 바깥출입도 삼가는 형편이다. 매서운 칼바람이 몰아치는 이 지경에 천하장사라 한들 온전할까!

나는 얼굴을 뒤로 돌려 알버트를 보았다.

"버스 안에 계속 그러고 있으면 엄마가 걱정하신단다. 혹시 오늘 오후 우리 집에 함께 가지 않으련?"

알버트의 얼굴이 빛났다. 집에 같이 가자는 말에 뭔가 하려던 짓을 멈춘 것 같았다. 그래도 강요하지는 않았다. 우중충한 갈색 나무 골조의 오두막이 시야에 들어왔다. 후에 알게 되었지만, 그의 엄마는 멕시코에서 온 불법체류자로서 남자친구들이 마련해준 그곳에서 행여 무슨 일이라도 잘못되어 자신과 자신의 네 아들을 먹여 살리지 못하면 어떡하나하는 염려 속에 하루하루를 지내는 처지였다.

알버트가 과연 우리 집에 갈까? 이 얼마나 어리석은 질문인가! 물론 그는 그렇게 했다. 그가 엄마의 허락을 받고 나오자, 우리는 방향을 돌려 나의 소박한 임대 주택으로 향했다. 나는 그에게 볼일부터 보고 가자고 했다. 일단 차에 올라 나는 말했다.

"알버트, 네가 터프한 건 좋은 데, 내 생각에는 말이지, 이번 겨울에는 재킷이 하나 필요할 것 같다. 우리 마트에 가서 너를 위해 뭐가 있나 보도록 하자."

알버트는 평소 자기만족의 화신처럼 행동했었는데, 내 말을 듣고는 거절하는 기색이 없었다. 그는 입을 크게 벌려 활짝 웃으면서 말문이 터졌다.

"저기요, 혹시 우리 검정색으로 하면 안 될까요?"

새 재킷을 사주고 나면 얼마나 허리띠를 졸라매야 할는지 확신이 안 섰지만, 나는 내가 가진 적은 것으로 저 앙상하게 야윈 꼬맹이를 천하에 남부러울 것이 없는 행운아처럼 보이게 해주고 싶다는 일념뿐이었다.

우리는 마트에서 재킷들을 찾아냈다. 실로 풍성했다. 거기에 인조 모피 깃이 달린 범퍼 재킷이 있었다.

"바로 저거예요. 완벽해요. 내가 원했던 바로 그거예요!"

알버트가 소리쳤다.

나는 알버트에게 한두 치수 더 큰 걸 사야 나중까지 오래 입을 수 있게 되니 좋다고 말해 주었다. 우리는 함께 그 조건에 딱 맞는 옷을 발견했다. 이내 뒤편 방향 마트 바깥쪽을 향하여 그는 자기가 무슨 록펠러나 되는 양 그 새로 산 옷을 입고 위풍당당 힘차게 행진해 가는 것이었다. 그 사소한 것을 가지고 그토록 자랑스러워하는 모습은 내 생애 처음 본다. 나도 알버트만큼이나 행복했다.

재밌는 일이다. 알버트는 내가 온갖 심리학 이론들에 매료되어 있었던 시절, 어느 한 순간 나의 인생에 들어온 아이였다. 나는 이상행동에 관한 해설서들을 읽었으며, 사람에게 동기를 부여하는 방법에 대한 임상 실험도 해보고 있었다. 나는 인간 행동에 미치는 환경의 영향에 대해서 소논문들도 써야했다.

그러나 바로 그곳 통학버스 안에서 나는 심리학의 모든 분야에 걸쳐서 그 고매하신 교수님들보다 더욱 풍성하게 가르쳐 준 그 코흘리개 조숙한 아홉 살짜리 꼬마를 소개 받았던 것이다. 나는 권위와 대학교 학위가 온유함 앞에서는 아무것도 아니란 것을 배웠다. 나는 학술적 용어들의 개념조차 이해하지 못한 사람에게 상담을 한답시고 결정론과 같은 중대한 개념을 미주알고주알 섞어가며 이야기해 준다는 것이 얼마나 부질없는 일이란 것을 깨달았다. 내가 사람들에게 보여야 하는 것은 친절함과 온순함과 같이 삶을 변화시키는 데 쓸모 있는 개념들이다.

어린이에 대한 그리스도의 온유

비록 예수께서 은혜와 구원이라는 권세 있는 새 메시지를 널리 전하셨지만, 그분은 그분의 말씀을 경청하는 자들의 마음속에 그러한 메시지를 전달해 주는 궁극의 방법은 돌보는 마음이란 것을 알고 계셨다. 그분이 이르셨다.

"누구든지 목마르거든 내게로 와서 마시라"(요 7:37).

당신은 그러한 말씀을 하고 계신 주님의 얼굴을 상상해 본 적이 있는가? 그분의 사명은 거절과 심판이 뭔지 알고 있는 사람들에게 평안을 가져다주시는 것이다. 이러한 사명을 수행하시면서 주님께서 한결같이 보여주신 행실은 동정해주고 이해해 주시는 것이었다. 온유는 양육과 격려의 정신을 포함한다.

수많은 예화들이 이 온유를 묘사하는 데 사용되고 있다. 하지만 그분의 제자들에게는 매우 유감스러운 일이지만, 온유에 대한 교훈 가운데 그 어떤 것도 그분이 공개적으로 어린이들을 자기 주변으로 초청하셨던 순간에 보여주셨던 모범만큼 탁월한 것은 또 없다.

주께서 공적으로 사역을 펼치셨을 때, 예수님은 가시는 곳곳마다 엄청난 무리들이 따르는 널리 알려진 스승이셨다. 그분이 병을 고치고 기적을 행하신다는 이야기가 전설같이 퍼져나갔고, 그 당시 일반적으로 순회하며 강연을 했던 여타의 판에 박힌 랍비들과는 차원이 다르신 탁월한 전달자로서 위상을 굳게 하셨다.

갈릴리 북부 지역에서 여러 달 동안 가르치신 후, 예수님은 남동쪽으로 진행하여 요단강 너머 베레아 지역으로 가셨다. 비록 그 지경에서 많은 시간을 보내지는 않으셨지만 사람들이 자기들의 바쁜 생업을 포기하고 무리지어 그분의 가르침도 듣고 병고침도 받기 위하여 몰려들었다. 통상 그랬듯이 바리새인들이 가까이 따르며 호시탐탐 철학적 덫을 놓으며 기회를 엿보아 예수님과 날조된 논쟁을 벌이려 하였다. 그분의 공식적인 가르침이 끝나기가 무섭게 바리새인들은 썰물처럼 물러났고, 군중들은 그분이 가시는 곳이면 어디서나 그러했듯이 서로 밀치며 주님께로 가까이 다가왔다.

내가 기억하기에 수년전 미국 대통령이 우리 대학에 강의를 하기 위해 내방했던 적이 있다. 연단이 하나 놓여 있었고 우리는 커다란 강당에 몰려 있었다. 순간 대통령 경호원들과 고급 관료들이 위치를 옮겨 내가 앉아 있던 자리 근처의 통로로 내려 왔다. 유명 인사를 근접 거리에서 볼 수 있다는 생각에 마음이 설레였다. 대통령이 내 옆을 지나고 있을 때, 내 다음 자리에 앉아있던 한 친구가 손을 내밀었다. 대통령은 악수를 해 주었고 따뜻한 미소를 그를 향해 지어보였다.

당신은 내 친구를 덮쳐버린 그 특별한 감정을 상상할 수 있는가? 그의 눈동자는 반짝반짝 빛을 발했고 그는 다른 사람 쪽으로 몸을 돌리더니 크게 외쳤다.

"이 손은 대통령하고 악수한 손이다!"

이천 년 전 베레아의 언덕에서도 마찬가지이다. 온 백성들의 마음을 사로잡고 계신 이 예수님에 대하여 사람들은 어느 정도 강력하게 그분을 가까이서 뵙고 싶어 했을지 생각해 보라. 그분 명성에 걸맞는 위신 때문에라도 당신은 '그분 가까이에 서있어 보기만 해도, 아니 그분에게 짧게 한마디 말만 건네 볼 수 있다고만 해도, 혹 그분을 만져보기만 해도 너무너무 행복할 것 같아'라며 소망할 것이다. 이 얼마나 큰 특권이란 말인가!

누가 먼저 낸 아이디어인지 우리는 모른다. 하지만 어떤 사람들, 아마도 일단의 어머니들이 자기들의 어린 자식들을 데리고 예수님께 가서 주님께 축복을 받게 하자고 했다. 그들은 아마도 그날 끝까지 남아서 무리들이 완전히 다 빠져나갈 때까지 기다리고 있었을 것이다. 그 부모들은 아무리 시간이 오래 걸린다고 해도 기꺼이 기다려서 자기 아이들에게 주님을 뵙게 해주고자 했다.

그들의 문화에 따르면, 축복하는 행위를 매우 중요하게 여겼다. 손을 얹어서 하는 이런 축복은 공개적으로 개인의 존재 가치를 인정해 주는 것이며, 하나님 앞에서 해당 당사자의 가치와 중요성을 강력하게 확정하는 의미를 가진다. 이런 마당에 예수님같이 지체 귀하신 분이 축복을 하신다니 이 얼마나 특별한 일인가!

부모들은 자기 아이들을 예수님께로 데려왔다. 그런데 그의 제자들이 그것을 단호히 제지한다. 당시 사람들은 아이들은 보지도 말고 듣지도 말아야 한다고 믿었다. (그들은 틀림없이 현대의 부모들이 아이들을 유모차에 태워 다니고, 놀이동산에 데려가 그들이 그만두겠다고 할 때까지 옆에서 대기하고 서있는 모습을 보면 불쾌감에 어이없어 할 것이다.) 그들은 아이는 아이답게 키워야지 중앙에 세워서는 안 된다고 믿었다. 그래서 그들은 부모들을 책망했고, 멀리 쫓아내면서, 가버리라고 말하고 있었다.

"예수님은 시간이 없으셔요. 당신들의 사소한 요구를 들어줄 말한 시간이!" 그들이 말했다.

아뿔싸, 그들은 응당 큰 잘못을 저질렀다! 복음서 기자 마가는 예수께서 제자들의 행동에 대하여 분개하셨다고 기록한다. 주님을 수도 없이 보아왔던 제자들이 어째서 어린이들을 향한 주님의 부드러운 감정을 그처럼 헤아리지 못하고 있었단 말인가? 그분은 그들의 집에 계실 때 그들의 아들과 딸들, 조카들과 사촌들과 놀아주셨다. 그들은 그분이 인내하시면서 아이들이 "한번만 더"라고 요구할 때도 다 받아주시는 모습을 보았다. 그러면서 그들은 그분의 온유하신 인격을 경험했던 자들이다. 그런데 그들이 이런 아둔한 짓을 하고 있다니 말이 되는가?

엄하게, 그렇지만 인내하시면서 예수님은 어린이들이 놀라지 않을 정도의 목소리 톤으로 말씀하셨다.

"어린이들을 나에게 오게 하라."

이제 어떤 아이들이었을까 상상해 보라. 여러 지역에서 온 영아에서부터 사춘기 직전의 아이들까지 주님의 이 초청에 응하였을 것이다. 우리는 그곳에 몇 명의 사람들이 있었는지 알 수 없다. 아마도 12명 이상은 넘었을 것이다. 의심할 것도 없이, 그들은 그분이 앉아계신 곳, 그분이 팔을 넓게 벌리고 기다리시는 그곳으로 돌진했을 것이다. 예수께서 제일 가까이 있는 아이를 끌어안고 웃으시고, 큰 아이들 머리카락을 흔들어 헝클어뜨리시고, 손을 뒤로 하여 어깨위로 들어 올리시고, 따뜻하게 미소 지어 주시는 모습을 상상해 보라. 그분이 그들의 이름을 물어보시고, 하나씩 불러서 어디에 사는지, 학교가 재밌는지, 좋아하는 놀이가 무엇인지 알아보시는 소리가 들리는 듯하다.

틀림없이 몇 명은, 아이들이 신날 때 그렇게 하듯이 소리를 박박 질러대면서 답변을 했을 것이다. 예수님은 아마 그의 신변잡기를 들으시면서 재밌다며 호쾌히 함께 웃어주실 것이다. 분명 두세 명의 어린이는 수줍어하면서 뒤쪽에서 기웃거리고 있었을 것이다. 그 아이들을 모른 채 하지 않으시고 예수님은 아마도 그들이 사용하는 쉬운 명령으로 불러들여서 자기들도 한편 이 된 느낌을 가지게 하셨을 것이다. 그분은 필시 작은 아이를 들어서 무릎 위에 앉히시고 온유하고 평안한 말씀을 해 주셨을 것이다.

아이들은 신바람이 나서 좋아해야 한다! 그들은 어른들이 이 매우 소중한 분에 대하여 하는 소리를 들었다. 그들은 매일 하던 놀이를 중단하고 부모들 손에 끌려 도시 외곽까지 나가서 인산인해를 이룬 구경꾼들과 합쳐야 했다. 여러 시간 그들의 부모가 예수님이 직접 하시는 말씀을 경청하는 동안 죽은 듯 고요히 있어야 했다. 그런데 그분이 직접 아이들에게 이야기를 하신다!

몇 분 동안 이야기와 농담을 주고받은 후, 예수님은 아이들을 한명한명 품에 안고서 그들을 축복하셨다. 아이들 인생에 대한 특별한 찬사의 선포와 하나님께 당신의 기쁨과 평화를 그들에게 내려 달라며 위임하는 기도를 해 주셨다.

만일 내가 이 아이들 중 한 명의 부모였다면, 그래서 아이들을 사로잡는 예수님의 자상하심을 보았다면, 나는 나의 아이들과 아내와 확장가족들이 그런 온유하신 주님과 하나 되기 원했을 것이다.

당신은 어떠한가?

그리스도의 온유를 타인에게 보여줌

　당신은 어떤 사람이 손을 내밀어 당시에게 온정을 베풀어 주었던 순간을 기억할 수 있는가? 아마도 교회 식구가 당신이 복음을 전할 때 신경을 써 주었던 순간일 수 있다. 또는 십대 시절 선생님이 당신이 문제를 가지고 있었을 때 다정하게 손잡아 주었던 때일 수도 있다. 혹은 아마도 개인적으로 재물을 잃고 비극적인 시간을 당했을 때 찾아온 친구가 위로해 주던 때일 수도 있다.

　온정어린 정성은 모두를 행복하게 해준다.

　와코 시에서 머물던 2년 동안, 알버트는 나의 친구였다. 일단 나의 집의 위치를 알게 되자, 그는 일주일에 서너 번은 나와함께 시간을 보내기 위해서 꼭 찾아왔다. (그가 저녁식사 때만 되면 변함없이 모습을 보이는 것이 우연의 일치라고 생각하는가?)

　여러 번 그는 우리 집에서 자고 가기도 했다. 그도 자고 갈 때마다 집세에 이용료가 추가된다는 것을 알고 있었다. 어쨌든 그는 목욕도 할 수 있었다. 가을과 여름 동안 우리는 학생 풀장으로 수영을 가기도 했는데, 그는 나에게 지남철같이 붙어 다녔다. 버스에서 보았을 때는 그가 거칠고 외성적인 성격인 줄 알았다. 대신 그는 매우 소심하고 정서적으로 불안하였다. 나는 그의 피난처였다. 알버트와 나는 서로 끔찍이 사랑하는 것을 배웠다.

온유라는 이 거룩한 습관을 가지게 하는 몇 가지 태도들을 살펴보도록 하자.

누군가 당신을 필요로 한다고 가정하라

타인의 지시에 따라 자신의 감정과 행동을 결정하는 건강하지 못한 성향인 상호의존은 통속 심리학에서 전문적 유행어가 되었다. 상담가들은 종종 내담자들이 타인의 감정에 종속되어 있는 것을 본다. 그러면 우리는 이 사람들이 생활 속에서 내부지향적, 하나님 중심적 패턴을 선택하도록 가르치려 힘쓴다.

그러나 아무리 좋은 아이디어들로 가득한 사례라 할지라도 한쪽으로 너무 편향되어서는 안 된다. 의존성을 줄이다보면, 이 내담자는 타인으로부터 극소의 입력만 받으려는 심적 태도가 계발된다. 그렇게 되다보니 온통 자기만족으로만 꽉 차버린다. 좋은 성향이긴 하지만 지나치다.

사례별로 적용법도 달라진다는 이 진리를 확고히 다지자.

하나님은 사람이 독불장군 식으로 살면서 스스로 만족할 수 있는 존재로 우리를 창조하지 않으셨다. 우리 모두는 서로 돌아보아 격려와 용기를 주어야 하는 상호의존적인 존재이다. 부모, 배우자, 혹 친구 같은 일체의 주요 관계는 하나님의 사랑 쪽으로 통로가 나 있다.

대학에 다니던 시절, 나는 알버트가 나를 절망에 이를 정도까지 필요로 한다는 것을 깨달았다. 일평생 간직해야 할 작지만 소중한 사랑을 알버트가 알게 되었다.

어느 금요일 저녁 약 6시 30분에 데이트 나갈 차비를 하던 중 전화벨이 울렸다. 알버트였다. 뭔가 안 좋은 급박한 상황이 벌어진 모양이었다. 비록 내가 전화번호를 알려주긴 했어도 알버트가 나에게 전화를 하는 일은 거의 없었기 때문이다. 그의 집에는 전화기도 없었으니 그는 필시 몇 블록 떨어져 있는 길옆의 모텔에서 나에게 전화를 한 모양이다.

"레트, 나 무서워요."

그가 말했다. (그의 스페인 억양으로는 나의 이름이 언제나 "레스" 대신에 "레트"였다.)

"나쁜 일이 벌어졌어요, 레트. 우리 엄마 좀 와서 도와줄 수 있어요?"

"물론이지"라고 나는 대답했다. 나는 그를 만나기 위하여 날

아가다시피 하여 다 쓰러져가는 그의 집 앞뜰에 도착했다. 우선, 나는 안으로 들어갔다. 그 즉시 곰팡이 핀 가구에서 나오는 퀴퀴한 냄새가 코를 찔렀고, 음식 썩는 악취가 진동했다. 그의 엄마는 울고 있었고, 알아듣기 어려운 영어로 뭔가 말을 해 주었다. 간신히 새겨들어 들어보니 그의 18세 된 맏아들이 그 집안에서 조금 전 그녀의 남자 친구 가운데 한 사람과 난투극을 벌였다는 것이다. 그 남자가 아들을 번쩍 들어서 세차게 닫혀있는 침실 문쪽으로 내 던지는 바람에 문짝이 두 동강이 났다고 한다. 남자는 자리를 떴고 아들은 이웃집으로 도망갔다는 것이다.

그 엄마는 가련해 보였다. 그녀가 말했다.

"알버트를 도와주시는 분이시죠?"

알버트는 그 자리에 채찍 맞은 강아지처럼 서있었다. 그는 친구가 필요했다.

비닐 소파에 앉아서 나는 알버트의 눈을 쳐다보며 물었다.

"알버트, 겁먹은 네 마음을 차분히 하기 위해 내가 도와줘야할 일이 있니?"

그는 고개를 떨구고 어깨를 천천히 으쓱거렸다.

"나하고 저녁 먹으러 나갈까? 아마 내일 저녁에 너를 우리 집에 데려갈 수 있을 것 같다."

나를 향해 고개를 끄덕이는 촉촉이 젖은 그의 눈망울이 빛났다. 그는 답변을 받아내려는 듯 엄마를 향하여 쳐다보았다. 그녀는 허락한다며 고개를 끄덕거려주었다. 이 소년은 애정에 굶주려 있었다. 그리고 나는 그것을 줄 수 있는 유일한 사람이었다. 얼마나 영예로운지! 얼마나 책임이 느껴지던지!

예수께서 아이들을 축복하셨을 때, 그분의 메시지는 사람들에게 강력한 충격을 주었다. 그분의 말씀 때문이기도 했지만, 그분이 보여주신 역할의 중요성 때문이었다. 그리스도인은 그리스도의 유일한 대사로서 몇 가지 역할을 가진다.

부모, 배우자, 동료, 혹 친구 등 사랑하는 사람들의 필요를 채워주기 위해 당신이 해야 할 역할에 대하여 심사숙고해본 적이 있는가? 자신의 역할을 수행함에 있어, 각 역할은 다른 사람에게 하나님의 사랑을 느끼게 해 줄 수 있다.

결코 당신 자신을 불필요한 자라고 여기지 말라. 누군가 당신을 필요로 한다.

일단 알버트는 나와 함께 밖으로 나왔다. 그 밤에 그는 많은 질문을 하였다.

"왜 사람들은 서로 싫어하는 거죠? 아는 사람하고 싸워본 적

있어요? 우리 엄마는 만날 소리만 질러대요. 난 어떻게 해야 하는 거예요?"

그것은 나에게 떠오르는 새벽같이 작용했다. 나의 역할은 가이드가 되는 것이다. 알버트가 나를 필요로 했다. 그는 인생에는 최선의 길이 있다는 것을 믿고 싶어했다. 그는 신뢰하는 것을 배우고 있다. 왜냐하면 내가 그에게 온유를 베풀고 있기 때문이다. 그는 내가 해주는 다른 대답들로 인하여 희망을 가지기 시작했다. 처음에 알버트가 버스에서 나의 주의를 끌었던 순간, 나는 내가 그에게 교제와 감정에 대하여 가르쳐주는 사람이 되리라고는 생각도 못했다. 온유는 사람들을 당신 쪽으로 다가오게 하는 방법이다.

누군가 우리를 필요로 한다. 그리고 그들은 종종 우리의 만져줌을 필요로 한다.

만져줌의 가치를 알라

어린이들을 얼싸안고 계신 예수님을 보면서 제자들은 무슨 생각을 하였을지 궁금하다. 그들은 이미 예수님의 온유를 알았고 또 기억하고 있었기 때문에 자기들이 그런 아이들을 쫓아내려고 했던 일로 자책했을 것이다. 아마도 그들은 주님을 제대로 보필해 드리지 못했다고 시인했을 것이다. 어쩜 그분은 저렇게 쉽게 웃으실까? 그분은 아이들의 질문과 요구를 어쩜 그렇게 쉽게 다루실까? 아이들이 그분의 다리에 달라붙고, 바로 옆에서 와글와글 떠들고, 팔로 여기저기 매달려 안겨도 그분은 조금도 싫은 기색이 없으시다. 예수님은 오히려 기뻐하시면서 아이들을 만져주셨다.

그토록 강력하게 온유의 감정을 창출하는 만져줌이란 무엇인가?

우선 첫째로, 사람들은 비언어적 표현들을 통해서 우리의 감정들을 거의 대부분 읽어낸다. 나는 당신에게 현재 진행 중인 프로젝트에서 당신에게 좋은 성과를 기대한다고 말하고 있는데, 정작 나의 목소리는 덤덤하고 말하는 자세는 경직되어 있다면, 당신은 십중팔구 내 말을 믿지 못할 것이다. 그러나 만일 나의 목소리가 활기차고 내가 손을 당신 어깨에 올려놓고서 말한다면, 당신은 나의 기대를 느낄 수 있을 것이다. 신체접촉은 다른 개인의 삶 안으로 기꺼이 들어가겠다는 것을 암시한다. 만져줌은 애정과 헌신을 전달한다. 알버트는 나에게 이것을 특별한 방법으로 가르쳐 주었다.

어느 토요일 나의 이 꼬맹이 친구는 나를 도와 빨래를 해 주었다. 빨래방은 우리 집에서 한 블록 밖에 안 떨어져 있었다. 그래서 나는 때로 찌든 세탁물들을 큼직한 플라스틱 바구니에 가득히 담아 품에 안고 길을 나섰다. 이 특별한 날 그는 나를 성가시게 했다. 왜냐하면 바구니를 양손으로 받쳐 잡고 나름 낑낑거리며 가고 있는데 그 친구가 앞장서서 함께 붙잡아 끄는 것이었다.

"알버트 자꾸 당기니까 내 팔이 끊어질 것 같거든? 가뜩이나 힘든데, 좀 놓지 그래?"

"어, 그러려고 잡은 게 아닌데요. 레트."

그가 아니라고 부인했을 때, 나는 그가 바구니를 붙잡으려 했던 것이 아니라 나를 잡으려 했던 것을 알았다. 그의 목소리에는 진실이 배어 있었다. 나에게 순간 깨달음이 생겼다. 알버트는 바구니를 잡고서 끌려 했던 것이 아니었다. 게다가 나를 성가시게 하려 했던 것은 더더구나 아니었다. 그가 했던 최선의 다음 동작은 내 손을 만지는 것이었다. 그는 나를 만지고 싶어 했다. 그래서 내가 여기 그의 곁에 있다는 것을 재확인하고 싶었던 것이다.

그 때 나는 생각이 났다.

'그래, 알버트는 이렇게 종종했지!'

우리가 텔레비전으로 축구경기를 보았을 때, 그는 슬금슬금

다가와서 내 옆에 있었다. 11월 오후 내가 그에게 검정색 재킷을 사 준 이후로, 그는 버스에서 내 바로 뒤에 앉지 못하게 되면 화를 냈었다. 그는 나와의 접촉에서 오는 온기에 굶주려 있었다. 접촉은 나란 존재가 그의 팔 길이만큼 가까이에 있다는 것을 말해주는 것이었다. 이번에도 나는 또 배웠다.

당신은 다른 사람을 자연스럽게 만져줄 수 있는가? 당신이 했을 때 그것이 당신에게 어떤 확신을 주는 지 인식하고 있는가? 그것이 당신을 얼마나 더욱 친밀하게 말할 수 있게 해주는지 알고 있는가? 얼마나 다른 사람과 가까워진 느낌을 가지게 하는지 아는가?

알버트는 그가 나의 대학교 친구들을 만났을 때, 혹 자기 급우들 앞에서 나를 자랑할 때, 각별히 나와의 접촉을 필요로 하였다. 평상시보다 더욱 나를 터치하면서 그가 말하고자 했던 것이 이것이다.

"이 친구는 나에게 속했고, 그리고 나는 그에게 속해 있다고. 우리는 이어져 있단 말이야!"

나는 온유, 용서, 행복, 만족 등 그리스도인의 삶에서 모퉁이돌과 같은 요소들, 곧 그리스도인의 영혼에 부여된 그런 온갖 선물들을 전달해주는, 내 손이 가진 능력을 정말로 깨닫게 되었다.

예수님이 수많은 병을 고쳐 주실 때, 그분은 손을 얹어 안수하심으로 기적을 일으키셨다. 이는 병 고침에 있어서 그것이 필요했기 때문이 아니라, 만져주심의 가치를 그분이 아셨기 때문이다.

누군가 우리를 필요로 한다. 그들은 우리의 만져줌을 필요로 한다. 그리고 그들은 자신들 속에서 바른 것을 찾기 위해 우리를 필요로 한다.

장점을 찾으라

예수님이 아이들과 함께 교제하시던 그 날에서, 우리는 쉽게 어린이들의 행동을 추측해 볼 수 있다. 이 시간 이전에 그들은 꿈지럭거리고 안절부절 못하였을 것이다. 아마 어떤 아이들은 집에 가겠다고 보채며 징징거렸을 수 있다. 다른 아이들은 덥다며 투덜댔을 것이다. 어떤 아이들은 엄마를 잃어버려 정신없이 찾고 다녔을 것이다. 예수님은 아이들이 그분을 만나고 싶어 안달이 난 것을 아시고 쉽게 대답하셨다.

"어디보자, 이 아이들 소중하다기 보다 점점 성가신 존재로구나. 내가 '안녕'이라고 말했다고 전해주거라. 그리고 그들을 물러

가라고 하면서 나중에 나이를 더 먹은 후에 내가 설교할 때 은혜 받으러 오라고 하거라."

분명, 이것이 바로 제자들이 생각하고 있던 생각이었다.

대신에, 예수님은 아동들의 불완전성 그 너머를 내다 보셨다. 그분은 아이들이 장차 그분의 확고한 말씀에 확신으로 응답하는 모습을 보셨다. 그분은 이 소년 소녀들이 애완동물과 장난감에 대하여 이야기하면서 즐거워하는 모습을 보셨다. 그들의 생활 속에서 잘못을 끄집어내어 기를 죽이는 대신 그분은 그들 속에서 장점을 보셨다.

당신은 필시 사람들에게서 장점을 잘 찾아내는 사람을 알고 있을 것이다. 이런 성향은 어떤 이가 말하듯이 가식도 아니고 타인의 약점을 거부하는 것도 아니다. 사람 마음을 편하게 해주는 순수한 성향이다.

아마 당신은 교회에서 당신과 예전에 대화했던 중요한 이야기를 잘 기억해주며, 당신이 맡고 있는 일에 진심으로 관심을 가져주는 친절한 장로님을 알고 있을 것이다. 혹 다른 사람은 당신을 포기한 것처럼 보일 때, 오히려 당신의 결점을 덮어주고 진심어린 찬사로 당신을 칭찬해 주는, 그런 만나기만 하면 마음이 편해지는 좋은 목사님을 두고 있을 것이다.

당신은 그런 류의 사람이 되고 싶은가? 당신이 성취할 수 있는 몇 가지 조절 기제들이 있다.

- 당신은 타인의 문제들에 빈정거리며 웃는 편인가, 아니면 당신은 타인의 꾸밈없는 즐거움에 기쁨으로 웃는 편인가?
- 개인의 문제가 드러난 사람들에 대한 당신의 안정 지수를 점검하라. 당신은 가능한 한 빨리 대비책을 강구하는가? 아니면 더 많이 알려지기를 원하면서 관심을 표하는 편인가?
- 당신의 칭찬과 불평의 비율을 인식하라. 당신은 당신이 쥐고 있는 것을 퍼뜨리기 전에 다른 사람의 장점을 최소한 5가지 이상 말할 수 있는가?

온유한 사람들은 신중히 자기들의 삶의 우선순위를 점검한다. 왜냐하면 그들은 자기들의 인생을 향한 하나님의 목적은 그분이 그러셨던 것처럼 사랑하기 위한 것임을 알고 있기 때문이다.

알버트와 함께 했던 숱한 날들 가운데 감동을 받았던 한 장면을 소개하겠다. 토요일에 우리 임대 주택 앞 계단에 함께 나란히 앉아 있었다. 알버트와 내가 친구가 된지 일 년이 다 되가는 어느 더할 나위 없는 가을이었다. 그는 아직 열 살이 채 안 되었고, 나는 완숙한 스물 한 살의 어른이었다. 알버트는 철학적 타입이 아니었다. 내가 주님에 관하여 그에게 말해줄 때면 그는 항상 무슨 말을 해야 할지 몰라 했다. 그러나 나는 그에게 하나님에 대하여 다소나마 이해시켜 줘야겠다고 다짐을 하였다. 때때로 나는 주제를 정했다.

그날 계절의 아름다움이 절정에 달해 있었다.

"알버트, 너도 오늘 저 하늘이 아름답게 보이니?"

그는 고개를 끄덕였다.

"저 방향 어딘 가에 천국이 있어. 하나님이 너를 위해 마련해 놓으신 곳이란다. 네가 만일 주님과 손잡는 걸 좋아하면 어느 날 그곳에 가게 된단다."

그를 내려다보았다. 깜장 머리카락은 언제나 곱슬곱슬 꼬이고 헝클어져 있어 다소 지저분해 보였지만, 그의 순진무구함에 내 마음이 사로잡혀 버렸다. 외형이야 어떻든 내 보기에 그는 상류 사회 소공자 같았다. 나는 부드럽게 물었다.

"너 죽은 후에 하나님과 함께 사는 거 좋으니?"

고개를 위로 젖히고 올려다보면서 알버트는 나에게 즉시 말했다.

"레트, 하나님이 당신과 같은 분이야? 만일 그렇다면 나 천국에 가고 싶어."

그 순간, 나는 눈물이 터질 것만 같아 말을 계속 할 수 없었다. 나는 팔로 알버트를 감싸 안으며 말했다.

"친구야, 네 생각에 내가 좋은 사람이라면, 거기에 백을 곱해 봐, 그러면 그게 하나님이야. 내가 사랑하는 것보다 더 많이 그분이 너를 사랑하셔."

알버트가 생각하고 있는 것은 무엇이었을까?

여기 그가 있다. 그 사고뭉치는 모든 선생님의 회피의 대상이었고, 모든 교직원들이 절래 절래 고개를 흔들었으며, 완전히 미쳐서 헛소리를 질러대는 미치광이였다. 그리고 내가 여기 있다. 헛된 이상주의에 빠진 심리학 전공자, 여전히 뭘 믿어야 할지, 어디로 가야할지 설레발만 치던 자였다. 하나님 같다고? 내가?

알버트는 내가 그에게 중요하다는 것, 이것 하나만 알았다. 나도 극소수이긴 하지만, 그에게서 장점만 보았다. 오케이, 그래서 그가 더 많은 장점이 없어도 괜찮았다. 오히려 그는 내가 아니라고 대답할 때 너무 쉽게 신경질을 부린다. 때때로 그에게 무슨 장점이 생겼나 싶으면 이내 부적절하게 행동했다. 하지만 그래도 그는 여전히 사랑받을 만한 가치가 있다.

그는 참 재밌는 아이였다. (그가 전화벨 소리를 듣고 전화를 받기 위해 잽싸게 달려갔던 일을 생각하면 지금도 웃음이 나온다. 그는 내 목소리 흉내를 내며 수화기를 잡고 당차게 "여보세요 레트입니다"라고 하였다. 아무도 믿어줄리 만무했다. 난 다른 사람에게 내 이름을 '레트'라고 말했던 적이 없었기 때문이다.)

그는 나에게 선물도 해 주었다. 한번은 그가 빼기면서 큰 형이 다니는 공장에서 집에 가져 온 것이라며 나에게 빗자루 하나를 선물했다. (아니, 난 돈을 지불했는지 물어보지 않았다.)

그 아이는 원래 아무것도 줄줄 모르는 아이였다. 알버트는 그 안에 많은 장점을 지녔다고 나는 믿었다. 어쩌면 그를 좀 더 깐깐하게 봐야 했을지 모르겠다. 하지만 그게 그거였다.

다른 사람들과의 여러 관계에서, 당신은 그들에게서 장점을 찾으려고 한다. 그렇다면 당신은 어떤 식으로 그들을 다르게 살펴 봐야 할 것인가? 당신은 동료에게 그의 업무 습관들에 대하여 비교적 자주 칭찬할 수 있는가? 당신을 위하여 항상 거기 있어주는 친구를 스스럼없이 맘껏 칭찬할 수 있는가? 당신은 가족들에게 그들이 집안에서 하는 아주 사소한 일에 대해서 비교적 자주 감사할 수 있는가?

장점을 보기로 선택하였을 때, 당신의 성향은 자연스럽게 훨씬 더 온유하며 낙천적이 된다.

온유란 누군가 우리를 필요로 한다는 것을 깨닫는 데서 비롯된다. 사람들은 우리의 만져줌을 필요로 한다. 사람들은 그들에게서 장점을 보려고 하는 우리를 필요로 한다. 사람들은 우리가 참아주는 것을 필요로 한다.

인내에 헌신하라

서두르면 온유를 표현하는 것이 힘들어진다. 예수님께서 제자들과 함께 떠나야 하셨기 때문에 60여초 동안만 할애해서 어린이들과 함께 하셨다면, 이 사건은 결코 어린이나 제자들에게 감동을 주지 못했을 것이다. 분명히 그것은 결코 복음서에 포함되지 않았을 것이다. 그들과 나누신 그분의 교감은 아마도 제자들이 기운이 다 빠져 축 처질 때까지 최소 30분이상이셨다. 언뜻 보기에 그분은 이렇게 생각하셨을 것이다.

'물론 이곳을 떠나 멀리가야 하지만, 이 아이들을 위하여 잠시 시간을 가져야 하니 나는 서두르지 않겠다.'

너무 바빠서 상냥함을 표현할 수 없을 때는 언제인가? 당신은 아침마다 서두르다보니 기분이고 뭐고 돌아볼 여력이 없거나 혹 모두들 그날 할 일들을 챙기느라 조급해지는가? 당신은 동료들과 잠깐 접촉할 틈도 없이 체할 정도로 급히 점심 식사를 먹는가? 교회에서 예배를 마치자마자 부리나케 나가야 하기 때문에 대화할 시간을 가질 수 없는가?

알버트는 나에게 인내를 가르쳐 주었다. 특히 우리가 만났던 초창기에 그가 사람 성질을 돋웠을 때 말이다. 보통 이런 울화통 터지는 일은 내가 그에게 집에 가야 할 시간이라고 말했을 때, 혹은 너무 오랫동안 전화통을 붙들고 노닥거리는 경우에 그만하라고 말했을 때 벌어졌다.

한 주를 나는 알버트와 함께 있었다. 그가 문 앞에 나타난 것은 오후6시경이었다. 그를 들어오게 하고 룸메이트들과 같이 먹다 남은 음식으로 저녁을 먹었다. 그런 다음 그에게 말했다.

"오늘밤은 내가 공부를 해야 하기 때문에 너와 함께 할 수 없단다."

나는 문쪽을 향하여 동작을 취하면서 말했다.

"가자, 차로 집까지 데려다 줄게. 걸어가지 않아도 돼."

그가 내 말을 듣는 둥 마는 둥하기에 몇 마디 핀잔을 주고 집에 데려다 주었다. 그 다음 며칠 동안 버스에서 그는 나를 피했다. 내가 그에게 말을 건넸다. 그의 얼굴과 목소리 톤을 보아하니 내가 집으로 가라 했던 소리가 못내 서운했던 눈치가 역력했다. 잠시 동안 나의 머리에 이런 생각이 스쳤다. '꼬마야, 그깟 아니오라는 소리도 받아들일 수 없다면 우린 더 이상 좋은 관계를 가질 수 없단다.'

그러나 마침내 나는 스스로 깨달았다. '이 꼬마에게는 그것이 거절의 표시였다. 그래서 지금 자위하고 있는 거구나. 맞아, 그는 앞으로의 일을 두려워했던 것이야. 그가 있는 그곳에 내가 있어줘야겠구나.'

약 한 주쯤 뒤에 그는 나의 현관 앞에 나타났다.

"헤이, 레트, 방가방가?"

나는 요청하기를 만일 나에 대하여 화가 난다고 해도, 여러 날 동안 아무 말도 하지 않고 있으면 안 된다고 하였다. 그는 두 손을 벌리고 으쓱하더니 말하였다.

"그럼, TV 보죠."

이것은 이런 식으로 그가 말하고 있다는 것이다.

"자자, 떨쳐 버리자고요. 내가 기분나빠하면 최소한 당신은 나를 달래주면 되는 거예요. 그러면 나는 그걸 의미 있게 받아들인다고요."

당신이 더욱 온유하게 관계를 맺는데 도움이 되는 몇 가지 단계가 있다.

- 풀코스로 대화하라. 상대가 말할 때 서둘러 자르지 말라.
- 일정을 다듬어라. 일정을 약간만 다듬어도 보다 더 온유하고 친감 있는 시간을 가질 수 있을 것이다.
- 텔레비전 시청을 줄여라. 가족과의 시간을 브라운관 앞에서 얼쩡거리며 허비하지 말라.
- 매일 남을 배려하는 시간을 가지라.

나는 여태껏 알버트에 견줄만한 친구를 만나지 못했다. 이제 나는 자식들을 둔 중년의 남성이다. 그러기에 수만 가지 경험을 해 오면서 온유한 만져줌과 부드러운 답변 혹은 진심 섞인 '미안합니다'가 필요하단 걸 절감한다. 이에 알버트는 나의 최초이자, 진심어린, 그래서 속을 드러내 놓고 몸으로 부딪치며 사귄 친구, 내가 누군가에게 진심으로 "여기 내가 있잖아!"라고 말해줄 필요가 있었던 사람이었다.

우리가 다른 이들과 사귐을 가질 때, 우리는 구술 언어보다 더

한 어떤 것으로 교제하게 된다. 우리가 말할 때, 다른 사람은 소위 내면의 귀를 가지고 경청하면서 진지하게 우리가 어떻게 하고 있는지, 얼마나 확신하고 있는지, 진정으로 배려하는지, 어떻게 느끼고 있는지 우리의 진면목을 판독한다. 사람들은 우리가 힘을 과시할 때보다는 우리의 의도를 확신하게 될 때 더욱 좋게 우리에게 반응한다.

그 추웠던 11월의 어느 날, 나에게 알버트라는 꼬마를 못 본 체 하고 지나는 일은 쉬운 일이었다. 그래서 나는 선한 삶을 추구하는 좋은 놈이라고 자족하면서 내 일에 전념할 수 있었을 것이다. 제자들과 함께 갈 길을 재촉하시면서 예수님도 "잘했다 친구들. 난 그런 아이들에게 들볶이고 싶지 않거든"이라고 말하기는 쉬우셨을 것이다.

그러나 만일 내가 그 때를 놓쳤다면, 그래서 알버트를 영영 놓쳐버렸다면, 그래 놓고선 평상으로 돌아가 아무렇지도 않게 내 일을 보고 있었더라면, 생각만 해도 몸이 오싹해진다. 나의 전문인 수련이 막 시작될 무렵 가지게 된 이런 있음직하지 않은 우정을 통해서, 하나님께서는 나에게 절망적인 궁핍에 처한 사람의 인생에 영향을 끼칠 수 있는 놀라운 기회를 주셨던 것이다. 인내가 요청된다. 그리고 끈기가 필요하다. 그런데 이것은 내가 받은 수업 중에 가장 돈이 적게 들었다.

온유함에 대한 다른 이의 반응

마가복음은 아이들이 예수님과 시간을 함께 보낸 후 어떤 일이 생겼는지 말해 주고 있지 않다. 그러나 그분께서 그렇게 쉽게 무시해 버려도 괜찮은 자들과 시간을 내어 대화하신 것에 그들과 그들의 부모들이 깊은 감명을 받았다는 것이 쉽게 추리된다. 우리는 많은 아이들이 훗날 그분의 구원의 메시지를 믿게 되리란 것을 추론할 수 있다. 이는 그들이 그분의 신학에 동의해서가 아니라 그들이 직접 체험한 그분의 온유한 인격을 기억하고 있기 때문이다. 그분에게서 하나님의 구속의 은혜에 대한 그분의 말씀과 완벽하게 일치되는 모습을 보았기 때문이다.

알버트와의 교제에서 하이라이트는 주일을 앞 둔 어느 날 저녁때 찾아왔다. 나는 그가 매주 가까운 교회에 다닐 수 있게 하려고, 그의 동네까지 차량을 운행하고 있는 교회 한 곳을 정해 주었다. 그 토요일 날 그는 너무 신나서 금세라도 터질 것 같았다.

"레트, 내일 교회에 꼭 와야 해요. 나 침례받을 거예요. 꼭 봐 주셔야 해요."

다음날, 아마 나귀들을 떼로 데려왔어도 나를 그 교회에서 끌어내지 못했을 것이다. 알버트가 침례탕에 발을 들여놓았을 때, 그 적은 청중들 속을 쳐다보며 내가 왔는지 살피고 있었다. 그는 경건한 표정을 유지하려고 애쓰고 있다가 나를 알아차리고서는 얼굴이 터져나갈 정도로 활짝 이를 드러내고 웃었다.

그는 아직 예수님에 대하여 깊이 아는 지식이 없었다. 그랬어도 그는 자기 또래와 능력에 맞는 지식을 나에게 들어서 가지고 있었다. 그가 예수님을 자신의 구세주로 영접했다고 고백하는 그 때 내 귓가에는 천사들의 노랫소리가 들리는 듯했다. 이제 그는 주의 친절한 팔에 안긴 것이다.

읽을 말씀: 마가복음 10:13-16

1. 예수님은 온종일 말씀을 전하셔서 매우 피곤하셨다. 그런데도 그분은 아이들과 시간을 보내셨다. 왜 그러셨는가?

2. 때때로 사람들은 그저 보이기 위해서 온유한 척, 격려하는 척할 수 있다. 상대가 진정으로 온정을 베풀고 있다는 것을 당신은 무엇을 보면 알 수 있는가?

3. 온유는 부드러운 접촉과 격려하는 미소로 표시될 수 있다. 당신은 온유를 나타낼 수 있는 그 외 네 가지 방법을 생각할 수 있는가?

4. 온유하게 대화하려면 당신은 솔직하게 상대방과 가까워지기를 원해야 한다. 상대에게 온유를 보이는 데 방해가 되는 내적 요소들은 무엇인가? (예를 들어, 감추어진 분노나 불안)

5. 다음에 열거된 온유에 대한 예시를 보면서 어떤 개인적 조절 기제가 당신의 대인관계에서 온유함을 계발시키는 데 필요한지 살펴보라.

   • 당신은 즐거운 대화를 보장하기 위하여 친구의 어깨를 터치할 수 있다.
   • 문제를 놓고 토의할 때, 당신은 상대에게 의무를 지나치게 요구하지 않을 수 있다.

- 당신은 상대의 치부를 단지 기억만 하고 있다가 후에 그것에 대해 묻거나 조언할 수 있다.
- 특히 당신과 아주 가까운 사람들이 당신은 격려하는 사람, 비난하지 않는 사람이라고 말한다.
- 쉽게 잘 웃는다.
- 당신은 자신의 약점이나 예민한 감정을 기꺼이 터놓고 밝힌다.
- 일보다는 관계에 더 우선권을 둔다.
- 당신은 누가 자신의 요구사항이나 유감을 표할 때 기분이 언짢지 않다.

6. 당신은 보다 착실하게 온유를 실천하기 위해 무엇을 포기해야만 하는가? (예를 들어, 완벽주의적인 성향 혹 성취욕)

7. 당신과 연결되기를 원치 않는 사람에게 당신은 어떤 식으로 온유를 베풀겠는가?

8. 앞으로 몇 날 몇 주 뒤에, 만일 온유한 마음으로 인간관계를 맺게 된다면 당신은 무엇이 달라질 수 있겠는가?

4 그리스도의 객관성

우물가의 여인

● 요한복음 4:3-42

내가 일곱 살 때 아버지는 미혼모를 위한 쉼터에서 기관목회를 하고 계셨다. 그 당시, 미혼 여성이 임신을 하게 되면, 그 부끄러운 행동을 은폐하기 위하여 은밀히 멀리 격리시켰던 것 같다.

우리는 그곳을 "쉼터"라고 불렀는데, 그곳은 아기를 낳기까지 머물렀던 장소였다. 대개 그 아기들은 태어나기도 전에 입양이 정해지기도 했다. 40살 난 입소자도 "아가씨"라고 불렀는데, 시설에서 생활하는 동안, 그들은 소양교육을 받거나 시간제로 일을 하기도 하였다. 그곳에서 그들은 육아법을 교육받았고 그 힘든 시간을 잘 견딜 수 있도록 영적 심리적 상담을 받았다.

아버지는 부끄러워하지 않고 나에게 당신의 사역을 밝히셨다. 형, 누나, 그리고 나는 자주 그 미혼모 쉼터에 방문을 하였고, 우리는 레크리에이션 홀을 기웃거리면서 행여 우리를 불러서 함께 놀자고 할 사람이 있는지 살피며 신나게 지냈다. 매주 금요일마다 아버지는 지역 TV방송국에서 영화를 가져 오셨고, 우리는 넓게 트인 오락실에서 그 아가씨들과 함께 "영화가 있는 저녁시간"을 가졌다.

나는 그 금요일을 학수고대하였다. 대부분의 입소자들이 다섯 달 이상 머물러 있는 동안 나는 그들 대다수의 이름을 다 알게 된다. 어쨌든, 나는 매주 편안한 자세로 그 큼직한 소파 위에서 두 명의 행운아들 사이에서 지냈다. 무슨 영화가 상영되든 그것은 상관이 없었다. 주마다 내가 좋아하는 아가씨들에게서 귀엽다는 칭찬을 받는 것이 신났을 뿐이다.

어느 날 아버지가 나에게 신나는 말을 했던 것이 기억난다.

"일 년 전에 여기 살던 쥬디라는 누나 기억하니?"

"물론 그렇고말고요."

그녀는 나하고는 아주 각별한 사이였기에 늘 나만 보면 힘찬

포옹을 해주었다. 그녀는 그야말로 나에게 베스트셀러와 같은 존재였다.

"좋다, 쥬디가 또 이곳으로 온단다. 곧 다시 그 누나를 보게 될 것이다."

정말이지 끝내주는 뉴스다! 나의 친구가 이곳에 5개월간 머물기 위해 돌아오고 있다니! 이것은 더 많은 포옹을 할 수 있다는 뜻이고, 그 누나가 자판기에서 뽑아준 막대사탕을 물고 함께 도란도란 이야기를 할 수 있게 되는 것이다. 나는 그녀가 도착한다는 첫 번째 금요일까지 기다리지 못할 것만 같았다.

당신이 보다시피, 그 나이에 나는 너무도 순진해서 쥬디같은 사람이 하대 받는다는 것은 알지도 못했다. 그녀는 한 번도 아닌 두 번씩이나 도덕적인 죄를 범했기에, 당혹한 그녀의 가족들이 어쩔 줄을 몰라 하다가 그녀를 우리에게 보냈던 것이다. 그러나 나에게 그런 것은 하나도 문제가 안 되었다. 나에게 있어서 그녀는 진짜로 유쾌한 존재일 뿐이다. 그리고 아버지는 나에게 그녀가 하나님을 정말로 많이 알고 싶어 한다고 이야기해 주셨다. 느낌이 참 좋았다. 어느 면에서 나는 지금도 그런 순진무구함을 유지하고 싶다.

예수님의 공평하심과 타당하심

예수님은 순진하기만 하신 분이 아니시다. 대신 그분은 사회적인 편견과 인습에 매이시는 것을 거절하셨다. 하나님의 대사로서 그분은 사람을 대하실 때 심지어 그분과 매우 다른 자들에 대해서까지 공평성과 타당성을 늘 유지하셨다.

요한복음 4장에 기록된 우물가의 여인 이야기에서 우리는 그분의 타당하심에 대해서 잘 볼 수 있다.

예수님과 그분의 제자들은 예루살렘에서 오랜 시간 머물면서 이스라엘 남쪽 지역들을 광범위하게 두루 다녔다. 그들은 지쳐 있었고, 그들은 갈릴리에 있는 집을 향하여 북쪽으로 방향을 틀었다. 그런데 여느 유대인들처럼 사마리아를 우회하지 않았다. 예수님은 사마리아를 통과하기로 하신 것이다. 제자들은 아마도 이것을 꺼림칙하게 여겼을 테이지만 주님의 행보를 만류하지는 못했다.

그들은 어느 날 정오에 수가라고 불리는 도성의 외곽에서 멈췄다. 예수님은 열 두 제자들을 먹을 것을 구하러 동네에 보내신 후 오래된 우물곁에 그대로 앉으셨다. 그분은 기진맥진해 하셨다.

곧, 그 지역 여성 하나가 우물 쪽으로 다가 왔다. 예수님은 순간 그녀가 복잡한 과거를 가지고 있다는 것을 아셨다. 그녀는 아마도 중년쯤 되었고, 그녀의 야위고 초췌한 외모는 제멋대로 살아왔던 세월을 말해주었다.

친밀하신 성품을 지니신 예수님께서 그녀에게 물 좀 달라며 그녀와 대화를 청하셨다. 그 여인은 어떻게 대답해야 할지 확신이 서지 않았다. 그 당시 여인들은 남성들에게 그리 귀함을 받지 못했기 때문에 아무도 공공장소에서 남성들과 어울리지 않았다. 그런데 어째서 이 남자가 그 여자에게 대화를 하려는 것일까? 그리고 그녀는 즉각 그가 외지에서 온 유대인이란 것을 알아차렸다. 유대인은 관례상 사마리아인들을 혐오하며 그들을 무시하였다.

사마리아인과 유대인의 반목은 수 세기 전부터 시작되었다. 초기 유대왕인 다윗과 솔로몬은 주변 가나안의 거류자들과 강력한 정치적 연합을 수립하였다. 그들의 치세기에는 평화가 비교적 계속 유지되었다. 하지만 솔로몬이 죽자, 이스라엘은 이방인들, 특히 수리아와 앗수르(현재 이라크 지역)의 영향으로 점차 대외적으로 불안함이 가중되었다.

예수님 당시에 사마리아로 알려진, 이스라엘 중부지역은 이런 외부의 영향에 유독 취약했다. 지형상 그곳은 침략자들의 도발을 쉽게 막을 수 없었다. 그래서 외세들(특히 앗수르)이 그곳을 점거하였고, 그 땅을 수탈했고, 그곳의 유대인들과 잡혼을 했고, 그 백성들에게 자신들의 종교를 강제했다. 예수님 당시에 이르기까지, 사마리아의 백성들은 이스라엘 북부와 남부에 살고 있는 사람들과는 차이가 있었다. 우상 숭배는 일상이 되었고, 사람들은 모세의 율법을 도외시했다.

사마리아인들은 변절자와 매국노로 몰렸고, 경건한 유대인들의 미움의 대상이 되었다. 사마리아인을 향한 이런 심각한 적대심 때문에 유대인들은 북쪽에서 남쪽 이스라엘로 여행할 때 일부러 멀리 사마리아를 돌아서 다녔다. 그들은 이들 버림받은 자들과의 접촉을 회피하였다.

요즘도 세계 뉴스를 보면, 많은 중동 사람들이 여전히 그들의 고조된 민족 감정 때문에 서로 명분도 없이 곤란을 겪고 있다. 이런 것 때문에 예수님 당시에도 오늘날처럼 많은 문제가 있었다.

이런 말 못할 사연이 있었기 때문에 예수님께서 우물가에서 사마리아 여인을 만난 사건이 이상하게 여겨졌던 것이다. 예수님이 호의적으로 의사표시를 하시자, 그 여인은 방어적으로 물었다.

"당신은 유대인으로서 어찌하여 사마리아 여자인 나에게 물을 달라 하나이까"(요4:9).

예수님의 대답은 신비스러웠다. 그분은 자기가 하나님께서 보내신 특별한 분이란 것을 깨달을 수 있도록 그녀에게 힌트를 주셨다. 그래서 자신은 그녀를 위하여 엄청난 일을 해 주실 수 있는 분으로 알아차리게 하셨다. 그분은 그녀에게 영생하는 생수를 주실 수 있으셨다.

그분의 비유를 이해하지 못하던 그녀는 한 가지 중요한 문제를 발견했다. 그분은 물 기를 그릇을 가지고 있지 않으셨다. 그리고 우물은 매우 깊었다.

예수님은 자기에게 쉽게 다가오지 못하고 있는 그녀의 모습을 보고 속으로 웃으셨을 수도 있다. 어떤 메시지를 주어야 그녀가 이해할 수 있을까? 재차 그분은 자기가 그녀에게 영생을 주시고자 하신다는 메시지가 담긴 물에 대한 비유를 사용하셨다. 이해를 못하자, 비유를 사용하신 것뿐인데, 그녀가 대답한다는 것은 고작 "흥, 물바가지도 없는 주제에, 어쨌든 내 말하리다. 나에게 당신이 가졌다는 영생하는 물을 줘서 나로 다시는 목마르지 않게 하시거나 혹 이곳에 하루에 두 번씩 오셔서 물이나 길러 주쇼"라는 식이었다.

그녀는 빈정거리고 있는 것일까, 아니면 그분이 하시는 말씀을 정말 잘 모르고 있는 것일까? 우리는 아무것도 확신할 수 없다. 하지만 우리는 예수님이 무척 참으며 자제하셨다는 것을 안다.

잠깐 멈추고 당신 말의 취지를 명확히 간파하지 못하는 사람에게 어떤 중요한 것을 말하고자했던 때를 생각해 보라. 만일 당신도 나 같다면, 성가시다거나 못 참겠다는 느낌을 가지기 시작할 것이다. 당신은 생각하기를 '왜 이 사람은 내가 하는 말뜻을 제대로 알아듣지 못하고 있는 것일까?'라고 할 수 있다. 당신의 감정들이 일어나기 시작하면서 당신의 타당성은 이지러진다. 인성을 입으신 예수님은 이러한 내면의 반응들을 얼마든지 느끼셨을 수도 있다. 하지만 그분은 충분히 강하셨기에 냉정하게 자신을 지킬 수 있으셨고, 그 여인에게 도움이 될 수 있는 태도를 유지하셨다.

예수님께서 그 여인의 배우자 문제를 거론하신 것은 바로 이 시점이었다. 그녀가 자기는 결혼한 적이 없다고 말하자, 그분은 그녀와 같은 수준에서 그녀에게 말하면서 결론짓기를 "네가 남편이 없다 하는 말이 옳도다 너에게 남편 다섯이 있었고 지금 있는 자도 네 남편이 아니니 네 말이 참되도다"라고 하셨다.

내가 확신컨대 그녀는 입이 떡 벌어졌을 것이다. 그녀는 첫 번째로 자기가 생각하고 있던 것을 말하였다.

"주여 내가 보니 선지자로소이다."

멋진 가정이다!

예수님이 그녀의 파란만장한 과거를 주제로 끄집어낸 것은 그녀를 난처하게 하려는 시도이셨을까? 아니면 그분이 우위를 선점하려 하셨던 것일까? 전혀 아니시다. 그분은 그녀가 정서적으로 불안전하여, 희비쌍곡선을 그리고 있음을 감지하셨다. 그분은 한 가지 중요한 것을 분명하게 전달코자 하셨다. "나를 많은 지혜를 나누어 주는 선지자로 네가 본 것은 옳다. 그러나 네 생각에 내가 너무 경건해서 너와 같은 사람들과는 상관도 안하는 자로 여기기 전에, 내가 네게 일러주는 말을 좀 들어 보거라. 너 개인의 희비에 따라 나를 불어서 흩뜨리지 말거라. 네가 나에게 네 자신에 관하여 무엇을 말하든지 나는 조절해 줄 수 있느니라."

예수님은 적절 행동과 부적절 행동에 대한 많은 지식을 가지고 계신다. 하지만 그분은 그런 고정된 지식의 잣대로 이 여인을 깔보지 않으셨다. 분명 그분은 그녀와 구별되는 분이셨지만, 그분은 그녀를 공평하고 타당하게 대해 주고 계셨다.

우리 각자는 매일 그런 객관성이 사용될 수 있는 많은 순간을 분명히 생각해 낼 수 있다.

- 가족 중 한 사람과 전화 통화를 하면서, 당신은 그가 불필요한 비난을 하고 있다고 느꼈고, 이것이 당신을 좌절시키고

있다. 당신은 그 사람의 부적절한 비난에서 자신을 분리시키는 법을 배울 수 있거나, 아니면 그 사람의 괴팍한 성격 때문에 오랜 시간동안 시달릴 수도 있다.

- 당신은 친구로부터 다른 사람이 당신을 무시한다는 정보를 입수했다. 당신은 왜 이런 무시를 받아야 하는지를 놓고 괴로워할 수도 있고, 혹은 항상 모든 사람에게 존귀한 취급을 받으며 살 수는 없다는 진리를 받아들일 수도 있다.

객관적인 태도를 계발하기

객관적이라 해서 항상 너그럽거나 지당한 것은 아니다. 특히 자신도 모르게 감정의 자극을 받게 되면 우리는 각 상황에 대하여 기분에 따라 반응하기 쉽다. 자주 우리는 잠재되어 있는 상처받기 쉬운 상황들을 미리 앞서서 생각해 두고 있어야만 한다. 그래야 우리는 손쉽게 유효한 반응을 보일 수 있다. 상황들에 대해 미리 대비해 둠으로써 우리는 돌발하는 각 사건들에 객관적으로 반응하는 데 도움이 되는 태도들을 계발할 수 있다.

한쪽으로 치우쳐서 통제 불능의 감정이 생겼을 때, 각 상황들에 객관적으로 반응하는 법을 익히는 데 도움이 될 수 있는 네 가지 태도들에 대하여 조사해 보도록 하자.

1. 나는 쉽게 흔들리지 않는다.

나의 상담소에서, 사람들이 일반적으로 하는 말이다.

"내가 말해주는 것을 당신은 믿지 못할 것입니다."

나는 말로는 하지 않지만, 속으로 이런 생각을 한다.

'말해보세요. 필시 전에 내가 들어본 적이 있는 말일 테니까요.'

난 별로 요동하지 않는다. 사람들은 곤란한 말을 하려고 상담소를 찾았을 것이다. 하지만 나는 그 곤란한 일에 빠질 뜻이 없다. 대신 나는 상대가 비록 선하고 예의바른 사람이라 할지라도 나름대로 의로워져야할 구석이 있다는 결론을 가지고 있다. 예레미아 17장 9절은 허튼소리가 아니다. 그것은 만사의 핵심을 잘라 말하고 있다.

"만물보다 거짓되고 심히 부패한 것은 마음이라 누가 능히 이를 알리요?"

사람들은 모든 종류의 부정적인 곤경에 처해질 수 있다.

어떤 사람은 그들의 요지부동의 심적 경향을 사람들을 냉소적으로 보는데 써먹는다. 그들은 아무도 존경하지 않으면서, 사람들은 선하지 않으며, 신뢰받을 만한 존재가 아니라고 결론짓는다. 그런 냉소주의는 너무 지나치다. 쉽게 요동해서는 안 된다는 나의 권면은 사람을 이상주의적으로 생각하여 지나치게 기대하는 것은 바르지 않다는 것을 염두에 두고 한 말이다. 우리는 반드시 우리 주변의 사람들이 단지 그들도 별 수 없는 인간이라는 것을 인정해야 한다.

이것이 바로 예수님께서 우물가의 여인을 대하시면서 유지하고 계셨던 심적 경향이다. 그분은 그녀가 누구인지 아셨다. 그러나 그분은 그 아는 것으로 그녀를 공격하지 않으셨다. 내가 조금 전 서술해 놓은 시나리오로 돌아가서 만일 당신이라면 이런 요지부동의 심적 경향을 각 상황에서 어떻게 적용할지 살펴보라.

● 가족 중 한 사람과 전화 통화를 하면서, 당신은 그가 불필요한 비난을 하고 있다고 느꼈고, 이것이 당신의 좌절을 야기했다. 그러나 당신은 이 사람은 여러 해 동안 이 불필요한 비난을 해대는 문제와 싸우고 있는 중이란 것을 기억한다. 그 사람의 비난하는 습관을 좋아하지 않지만, 당신은 평정심을

유지하며 그 사람을 변화시키려 한다거나 교정하려들지 않겠다고 확정한다.

- 당신은 친구로부터 다른 사람이 당신을 무시한다는 정보를 입수했다. 무시당하고 기뻐할 사람은 아무도 없다. 기분 나쁜 감정이 드는 것은 정상이다. 그리고 스스로에게 다짐하며 '사람이 하나님일 수는 없다'라고 말한다.

대부분의 경우 사람들은 자기들의 도덕 윤리적인 실패담이 상담가인 나를 뒤흔들어 놓을 거라고 예견하고 있는 듯하다. 어떤 남자와 일고여덟 번 연속해서 상담을 했던 적이 있는데, 너무도 차도가 보이지 않아서 좌절됐던 적이 있다. 마지막 상담이 있던 날 그는 의자에 앉아서 몸을 앞으로 숙인 채 말하였다.

"처음 방문했을 때부터 당신에게 말하고 싶었지만 계속해서 망설여졌습니다. 하지만 오늘 비로소 말을 하게 되나봅니다."

그는 계속해서 설명하기를, 자기는 지난 수년간 호색문화에 중독되어 살았는데, 그가 상담소를 찾은 진짜 목적은 바로 그것을 극복해보려 했다는 것이다.

"왜 당신은 선뜻 말하지 못하고 그리 오래 망설였던 겁니까?"

"한참 전에 나는 이것을 그리스도인 친구에게 말해 주려 했던 적이 있었습니다. 그런데 그가 그것 때문에 황당해하며 어이없어 하는 모습이 금방 눈에 들어오더라고요. 그는 내게 말하기를 '난 널 그렇게 안 봤는데 네 얘길 들어보니 아니었구나, 난 손대고 싶지 않아'라고 했어요. 그때 그러고 나서부터 나는 사람들에게 아무것도 말하지 않겠다고 결심을 했죠."

가까운 친구나 가족이 당신에게 물의를 일으키거나 법적으로 문제가 될 수 있는 심각한 일을 폭로했을 때 당신은 그것을 어떻게 할 것인가?

사람들은 무뚝뚝하게 반응하거나, 멀리 피하거나, 책임지려하지 않거나, 당황할 수 있다. 이것은 천국 이편에서 우리가 살아가는 날 동안 진리이다. 우리가 타인의 불완전함에 대하여 감정이 올라온다는 것은, 우리 속에 숨겨져 있는 그것과 관련된 어떤 욕구가 작동했다는 뜻인데, 그럴 때 통례적으로 보이는 현상은 자기 기분에 맞춰 진실을 다시 쓰려고 시도한다는 것이다. 하지만 우리의 욕구가 제 아무리 간절히 요구한다고 해도, 진실이 다시 써질 수는 없는 것이다. 그것은 단순하다. 우리의 임무는 진실을 다시 쓰는 것이 아니라, 다만 그 진실에 대하여 최선의 방법으로 영적 그리고 감정적 반응을 할 수 있도록 해주는 것이다. 아래 진술 가운데 몇 가지가 당신이 어려운 순간을 맞았을 때 숨김없이 받아들일 수 있는가?

- 사람들은 내가 제대로 해보려고 최선을 다하고 있을 때에도 나에게 무례히 행하고 불공평하게 대할 수 있다.
- 결혼도 실제 노동이기 때문에, 때때로 괜히 결혼했는가 싶기도 하다.
- 나는 때때로 우울, 불안, 분노와 같은 힘든 감정에 빠진다.
- 나는 부자가 될 정도로 돈을 벌기는 그른 것 같다.
- 나는 승리하는 신앙생활을 하는 느낌을 지속하는 것은 불가능하다는 생각이 종종 든다.

이 진술들은 우리 각자가 직면하는 곤경에 관한 몇 가지 진실들이다. 우리가 이런 것들(또는 이런 것들과 유사한 것들)로 어려움을 당하면 당할수록, 우리는 객관성을 가지기 위해 더욱 분발하여 싸워야 한다. 바꾸어 말해서, 우리가 이런 진실들을 수용하는 법을 익히면, 우리는 감정에 있어서 보다 더욱 견고해진다는 것을 발견할 것이다.

객관성을 가지기 위하여 우리는 반드시 쉽게 흔들리지 않도록 해야 한다. 그리고 또한 우리는 반드시 사람들을 그들의 있는 모습 그대로 인정해 주어야 한다.

2. 나는 사람들을 그들의 있는 모습 그대로 인정한다.

각 상황에 반응하는 것을 보게 되면, 상대방이 보여주는 호감의 정도에 따라 달라진다. 가령 당신이 나에게 기대하지도 않았던 호의를 베풀었다면, 나는 무척 좋아하는 반응을 보일 것이다. 만일 당신이 약속을 이행하지 않았다면, 나는 불쾌한 반응을 보일 것이다. 이런 반응 방식은 매우 정상적이다. 그런데 이 또한 점검해 보지 않으면 위험할 수도 있다.

우리의 요구사항이 극단으로 치닫는 것을 막기 위해, 우리는 반드시 각 사람이 본래부터 내면에 가지고 있는 자유에 유념해야만 한다. 하나님은 옳은 것과 그른 것을 제대로 분별할 수 있는 표준 제어 장치를 우리에게 내장해 주시고 뒤로 물러나셔서 우리가 선택한 기준들에 따라 자유롭게 행동하도록 하셨다. 우리가 좋은 것을 선택하든, 나쁜 것을 선택하든 그것은 우리의 자유이다.

감정적으로 격정 상태에 달한 사람은 이런 자유가 도리어 곤란을 가져온다. 왜냐하면 그들의 감정이 그들을 계속해서 자신의 욕구가 선호하는 쪽으로만 몰고 가기 때문이다. 그리하여 그들은 객관성을 잃어버리게 된다.

예수님은 이혼이나 간음에 대해서 의견을 가지고 계셨는가? 물론 그것에 관한 교훈들이 성경 여러 곳에 상세히 설명되어 있다. 그런데 어째서 그분은 이 교훈들을 최고로 많이 어긴 그 여인을 그냥 두고만 보신 것일까? 왜냐하면 그분은 그녀의 자유의지를 인정하고 계셨기 때문이다.

미혼모 쉼터에서 아버지가 사역하던 시절로 돌아가자. 나는 아버지가 나에게 쥬디를 이해시키려고 하셨던 일을 기억한다.

"아들, 꽉 눌려 있는 기분이 뭔지 아니?" 아버지가 말씀하셨다.

나는 무지한 것을 인정하고 싶지 않아서, 솔직히 그 말뜻을 이해하지 못했지만, 안다고 말했다.

"좋다, 쥬디 누나는 지금 꽉 눌려있는 기분으로 살고 있어요. 너도 봤지, 작년에 그 누나가 여기 왔을 때, 결혼하기 전까지 다시는 아기를 가지지 않을 거라고 약속했거든. 그런데 약속을 안 지켰어요. 그래서 꽉 눌려 있는 기분이 된 거란다."

아버지는 일곱 살짜리 꼬마에게 하실 수 있는 한 최선을 다해서 계속 설명을 하셨다. 결혼하지 않은 사람은 아기를 가지면 안 된다고 하셨다. 그것은 하나님의 계획 밖이라고 하셨다. 쥬디는 마음에 좌절로 인하여 억압을 받고 있었다는 것이다.

그래서 내가 쥬디에 대하여 실상을 듣고 난 후 내가 그녀를 보았을 때 어떻게 행동했을 것 같은가? 내가 그녀를 무시했을까? 그녀에게 차갑게 눈을 흘겼을까? 얼굴을 찡그리고 내 고개를 흔들었을까? 그녀에게 덕행 있는 삶에 대하여 이야기해 주었을까? 만일 어른이 쥬디의 사생활을 소상히 알고서 그녀를 대했다면 이런 일들이 분명히 벌어졌을 것이다. 그러나 나는 일곱 살 꼬맹이였다. 그래서 나는 다른 아이와 마찬가지로 철부지 행동을 했다. 나는 아무것도 묻지 않고 그녀를 받아주었다. 나는 쥬디를 쥬디되게 했던 것이다.

어린 꼬마들이 그토록 자유로울 수 있다는 것이 놀랍지 않은가? 그들은 강력한 교훈이나 종교적 교정의 방해를 받지 않는다. 사람을 바로잡아 보겠다며 통속에 집어넣으려 하지도 않는다. 세월이 지나 그들이 일단 성장하고 나면 그때 지식을 가지게 되는 것이다.

그런 대화가 있고 난 후 금요일 저녁에 나는 오락실에서 쥬디를 기다렸다. 나는 언제나 누나들과 만나기만 학수고대했기 때문에 기다리는 시간이 너무 싫었다. 드디어 그녀가 다른 입소자들과 함께 무슨 얘긴가 주고받으면서 걸어 들어왔다. 그녀는 내가 볼 때 우울하지 않았다. 사실 그녀는 웃고 있었다. 나는 뒤로 숨었다. 염려스러움을 표현하려는 것이 아니었다. 그녀는 나보고 나오라고 부르면서 소파를 향하여 모션을 취했다. 그녀는 최소한 그때 임신 6개월째였다. 나는 너무 거칠지 않게 그녀 위로 폴짝 뛰어 내렸다.

우리는 잠깐 동안 내가 겪은 학교에서의 일을 이야기했다. 그 다음 나는 그녀를 올려다 보며 말했다.

"슬퍼도 오케이야, 난 괜찮은데."

그녀는 웃으면서 마치 "어디서 들었는데?"라고 말하는 것 같았다. 그리고 그녀는 말했다.

"어휴, 내가 어떻게 슬퍼해요. 요렇게 멋진 신사가 옆에 앉아 있는데 말이야. 안 그러니?"

그것이 전부였다. 쥬디는 나에 대해서라면 끔찍이 위해줬다. 아마 그것에 관하여 이야기해주려 했다면 얼마든지 깊게 해 줄 수 있었을 것이다. 그러나 그녀는 나로 인하여 가지게 된 그녀의 좋은 기분에 대해서만 말하고 싶어했다.

나는 내담자들에게 타인의 자유를 인정해야 한다고 말해줄 때

면, 대개 동의부터 구한다. 아무튼 하나님이 우리 각자를 자유의
지를 가진 존재로 만드셨다는 사실을 가지고 논의하는 것은 쉽지
않은 일이다. 종종, 자주는 아니지만, 나는 툭 내뱉는 "그런데"라
는 말을 듣는다. 이는 자기는 기꺼이 타인의 자유를 인정치 못하
겠다는 뜻이다. 다음 진술들을 살펴보라.

"나는 남편도 아이 양육에 대한 나름의 생각을 할 자유가 있단
걸 알아요, 그런데…"

"나는 아이들도 기분이 썩 내키지 않을 자유가 있다는 걸 깨달
았어요. 그런데…"

"나는 다른 가족들이 내가 사회 활동하는 것을 좋아하지 않는
다는 것을 잘 알고 있어요. 그런데…"

타인에게 자유가 있다는 사실을 인정하기란 쉽지 않다. 왜냐
하면 사람들이 자기의 자유를 그릇되게 사용할 수 있는 뚜렷한 가
능성이 항상 있기 때문이다. 나를 오해하지는 말라. 나는 당신이
절대로 자신의 의견이나 사상을 주장하지 말라고 제안하고 있는
것이 아니다. 내가 제안하는 것은, 자주는 아니더라도, 타인들로
하여금 자기들이 어떤 반응을 보일는지 스스로 점검해서 결정하
도록 그냥 두라는 것이다. 예수님은 우물가의 여인이 최선의 삶을
스스로 선택하기를 명백히 원하셨다. 그분의 뜻을 어떤 감동적인

강청을 통하여 그 여인에게 부과하는 것 대신 그분은 그녀가 자신의 시간에 맞춰 그분께 반응하도록 그냥 내버려 두셨다.

미혼모 쉼터에 방문하던 나의 어린 시절에 쥬디가 나와 함께 있는 것을 좋아했던 것은 내가 그녀를 틀 속에 짜 맞춰 집어넣기를 바라지 않았기 때문이었을 것이다. 지금 회고해 보면 만약 그녀의 삶에서 다만 몇 명의 어른들만이라도 아무것도 모르는 일곱 살 철부지 꼬마처럼 객관적으로 그녀를 대해줬더라면 그녀는 적어도 중증 우울증은 겪지 않았을 거라는 생각이 든다.

객관성을 가지기 위하여 우리는 반드시 쉽게 흔들리지 말아야 하며, 사람들이 자기를 있는 그대로 받아들이게 해야 하며, 또한 우리 자신만의 독특한 게임 계획을 가져야만 한다.

3. 나는 내 자신만의 독특한 게임 계획을 가지고 있다.

예수님께서 우물가의 여인과 나누셨던 대화의 방식은 예수님 당시나 우리 시대에 일반 대중들 사이에서 주고받는 교류 방식과 별반 다를 게 없었다. 그녀는 헷갈려했고 불안했던 반면 예수님은 확실하셨고 견고하셨다. 솔직히 당신의 방법이 타인 것과는 비교도 안될 만큼 흠잡을 데가 없다고 믿어지는 그런 상황을 한번 연상해보라. 그 순간 당신은 평정심을 유지하고 있겠는가? 아니면 순간의 감정에 빠져 있겠는가?

예수님은 능히 객관성을 유지할 수 있으셨다. 왜냐하면 그분은 하나님에 의해서 그분 앞에 세워진 인생 계획에 따라 사셨기 때문이다. 심지어 사람들이 그분의 계획을 지지하지 않거나 그분의 방식을 이해하지 못하고 있을 때에도, 그분은 일관되게 그 계획에 집중하고 계셨다.

여덟아홉 살이 되자 아버지는 나에게 나 자신만의 게임 계획을 가지도록 가르쳐 주셨다. 그는 여전히 미혼모 쉼터에서 목회하고 계셨고 주일 예배를 위해 설교를 준비하고 계셨다. 부활절이 다가오고 있었고, 우리는 촛불예배를 드리기 위한 계획을 점검하고 있었다. 나는 첫 번째로 촛불을 붙이는 그 중요한 역할이 나에게 주어지지 않자 발끈해 있었다. 그 역할은 아버지에게 주어졌다.

"나는 '예수님을 위해 사는 삶'이란 제목으로 설교를 할 것이다"라며 아버지가 설명했다. 아버지가 그런 주제로 설교할 때면 나는 언제나 뿌듯함을 느꼈다. 왜냐하면 내가 중요한 사람이란 느낌을 받기 때문이다.

"나는 도대체 그분이 원하시는 대로 사는 삶이 어떤 의미인지 생각해 볼 수 있도록 그 아가씨들에게 도전을 주려고 한단다."

그러면서 그는 반사적으로 나를 보시더니 물으시는 것이었다.

"레스야, 네 생각에 하나님이 네게 원하시는 삶을 살려면 어떻게 해야 하는지 떠오르는 것이 있으면 말해 보겠니?"

나는 내 친구들이 흔히 하는 것처럼 "나는 모르겠어요"라고 대답하고 싶지 않았다. 그래서 말했다.

"음, 나는 사람들에게 친절해지고 싶어요, 예수님처럼 말이죠."

"그거 맘에 드는구나"라며 아버지가 말씀하셨다. "나는 네가 그렇게 되는 데 집중했으면 하는구나. 비록 네 삶에 다른 사람이 협력해 주지 않는다 해도 말이다."

나는 그 말씀 속에 의도가 있다는 것을 알았다. 항상 그런 식이었다. 원래 나의 쌍둥이 형과 나는 썩 잘 지내는 사이가 아니었다. 좋게 말해도 되는데 우리는 그칠 새 없이 토닥거렸다. 아버지는 나의 목표에 대하여 상기시켜 주면서 나 나름의 게임 계획을 가져야 한다고 하셨다. 그때 그가 이런 말을 해 주셨다.

"레스야, 네 형이 네가 바라는 대로 행동을 하지 않을 때, 너는 네 형에게 덤비며 그가 원하지도 않고 그에게 필요도 없는 충고를 퍼붓는 경향이 있구나. 그렇게 되면 되레 네 형이 네 충고를 따르지 않을 때 실망만 하게 되는 거란다."

비록 그 때는 그 말뜻을 잘 이해하지 못했지만, 그는 내가 객관성을 잃어버리게 될 수 있다는 것을 아셨던 것이다.

"네가 스스로 네 형이 다르게 행동해주기를 바란다고 해서 네 형이 네 바람대로 해 줄지는 아빠도 잘 모르겠구나."

뒤로 돌아가서 더 격렬하게 싸우려고 벼르고 있는 내 실제 속마음을 아버지는 모르고 있다고 생각한 나는 아버지 말을 받아들이는 척하며 대답했다. "형이 기분 나빠 하면 얼른 그 자리를 피할게요. 그러면 안 싸우게 될 테죠."

"그것 참 좋은 선택이다. 그런데 말이다, 너 네 형을 용서하고 싶지는 않니?"

"그렇게 했으면 좋겠어요."

나는 아버지가 대화의 방향을 어느 쪽으로 몰고 가시는지 알았다. 그리고 나는 아버지가 옳았다는 것을 깨달았다. 나는 아버지의 깊은 의중을 발견했다. 아버지는 내가 난폭하면서 그리고 잘 어울려주지 않는 형에 의해 괜스레 휘둘리지 않고 내 자신의 인생 게임 계획을 선택하기를 바라고 계셨던 것이다.

나는 내담자들에게 그들의 인격 안에 가장 두고 싶은 습관들을 말로 설명해보라고 요청한다. 분냄, 으름장, 참지 못함, 불안을 원한다고 응답한 사람은 한 명도 없었다. 나는 내담자들에게 그러한 부정적 성질이 지속되는 때는 그들의 정서적 수행 과제 속에 그것들과는 다른 것들을 집어넣어야 한다고 알려준다. 무엇을 선택해야 할 때는 당신의 일상에서 흥분이 발생할 수 있는 예상 시나리오를 심사숙고한 다음, 그것이 당신이 객관성을 가지고 적용할 수 있는 게임 계획인지를 고려해야 한다.

예수님은 자신이 누군지 아셨고, 그분은 사시는 동안 삶에 대한 하나님의 계획을 심사숙고하셨다. 그러므로 사건이나 사람이 강력하게 작용하여 그분을 그분의 목표에서 멀리 이탈시키지 못했다. 이런 완벽한 일관성을 가지고 살 것이라고는 기대할 수 없겠지만, 우리는 다른 사람의 감정의 고저 앞에서 최소한 올바르게 대처하겠다는 결단은 내릴 수 있다.

객관성을 가지기 의해서 우리는 쉽게 흔들리지 않아야 하며, 사람들이 자신을 있는 그대로 받아들이도록 내버려 둬야 하며, 우리 나름만의 독특한 게임 계획을 가져야 하며, 기질의 다양성을 인정해야만 한다.

4. 나는 기질의 다양성을 인정한다.

몇 년 전 나는 기질 테스트 분석에 대한 전문인 세미나에 참석하였다. 개인별로 기질을 테스트하여 네 가지 일반적 기질 가운데 어떤 범주에 속하는지 알아보는 것이 기질 테스트 분석이다. 발제자가 설명하기를 그 테스트는 주요 영역별로 오백 가지의 항목을 검사해 본다고 하였다. 그런 다음 그는 우리에게 도전을 주었다.

"성공한 사람들이 가장 공통적으로 가지는 기질은 무엇인지 생각해 보십시오".

여러 명의 참석자들이 열띤 반응들을 보이고 난 후에, 그는 그 어떤 기질도 탁월하게 돋보이는 것은 없었다고 밝혔다.

나는 이 토막 정보가 흥미로웠고, 실로 그것은 성경적으로도 일치한다는 것을 발견했다. 고린도전서 12장은 우리에게 "몸"은 하나인데 지체는 여럿이라고 말씀한다. 모두가 눈이겠으며, 귀이겠으며, 손이겠으며, 발이겠느냐고 하신다. 대신 우리 각자는 각기 다른 기능을 가진 지체라는 것을 받아 들여야만 한다.

객관성이 있는 사람은 개성의 다양성은 불가피한 것일 뿐만 아니라 매력적이란 것을 깨닫는다. 그들은 개인의 취향에 다른 것을 강제하지 않는다. 그들은 타인의 약점을 보고 우쭐해하지 않는다. 왜냐하면 자기들은 타인에게 없는 다른 결점이 있다는 것을 알고 있기 때문이다.

확실히 쥬디와 나는 달랐다. 심지어 어린 나도 그것을 알았다. 쥬디의 가정교육도 달랐고, 그녀의 가치관도 달랐고, 분명히 그녀의 기질도 달랐다.

그녀는 모든 것이 달랐고, 가지각색의 문제들을 지니고 있었지만, 남에게 베풀 수 있는 선한 것들도 가지고 있었다. 그녀는 확실히 돕는 일을 잘했다. 그리고 그녀는 기꺼이 남들에게 자신의 연약함을 알려주기도 했다. 그녀는 나의 필요와 감정을 남에게 알려줄 수 있어야 한다는 것을 가르쳐 주었다. 그녀는 또한 힘든 고통을 겪은 후에라도 앞을 향해 전진할 수 있다는 것을 보여 주었다.

두 번째 5개월간의 체류 기간이 끝나고 쥬디가 떠나던 날, 나는 아버지와 함께 차를 타고 그녀를 데려다 주기 위해 버스 정류소를 향하여 가고 있었다. 나는 울면서 작별인사를 하며 그녀에게 말하기를 "언젠가 다시 돌아와 주기 바란다"고 하였다! 나에게 그녀는 가장 위대한 존재였다.

▶ **읽을말씀: 요한복음 4:3-42**

1. 우물가의 여인은 분명히 과거의 문란한 삶으로 인해 평판이 말이 아니었다. 그러한 삶 때문에 감정의 기복이 심한 사람을 만났을 때 당신은 속으로 어떤 생각을 하며 자신을 다스리겠는가?

2. 예수님은 비록 그녀가 대 놓고 그분이 열정적으로 가지고 계신 진리들에 대하여 공격하는 순간에서 조차 이 여인에게 말씀하실 때 침착하셨던 것으로 보인다. 어떻게 그분은 그렇게 하실 수 있으셨을까?

3. 많은 사람들이 주장하기를 만일 마음속에 깊이 확신하고 있는 것들을 말해 주지 않으면, 사람들이 죄짓고 있는 것을 뻔히 보면서도 눈감아주는 것이라고 말한다. 그러나 예수님은 기회가 있으셨음에도 불구하고 그렇게 하지 않으셨다. 왜 그러셨는가?

4. 누군가 막무가내로 혹 감정적으로 화를 낼 때, 당신도 강하게 화난 감정으로 응수하기 쉽다. 언제 당신은 이렇게 되기 쉬운 편인가?

5. 다른 사람이 감정을 표시할 때 당신은 감정적 대응을 비교적 자제하고자 할 때, 어떤 긍정적 요소가 당신의 그런 교제의 노력에 기여할 수 있겠는가?

6. 아래 시나리오들을 마음에 그려보라. 각 경우를 살피면서 당신이 객관성 있게 반응하고 있다는 것을 어떻게 알 수 있을지 정해보라.

- 당신이 명확한 지시를 내렸는데 한 아이가 반항적으로 말하며 '아니오' 라고 한다.
- 당신의 배우자는 당신의 상식적인 의견을 기꺼이 받아들이지 않는 것이 분명하다.
- 당신은 자신의 의견을 제대로 잘 표현하였다. 당신의 외사촌 동생이 당신이 말한 것을 이해하지 못하고 있다.

7. 객관성을 가지려면 어떻게 하는지 배운 것에 기초하여 당신의 대화방식들 가운데 고쳐야 할 반복되는 일반적인 문제 세 가지를 생각하라. (예를 들어, "나의 배우자가 나에 대하여 비난조로 말하고 있을 때, 나는 어떤 종류의 반응도 하지 않을 것이고, 대신 상대방이 지금 불안한 마음 상태에 빠져 있다는 것을 인정할 것이다.")

8. 당신의 목소리 톤이 객관성을 보이고 있다는 결정적 단서가 된다. 사람이 감정적으로 격해 있을 때와 객관성을 유지하고 있을 때 목소리 톤에 어떠한 차이가 있는가?

5 그리스도의 긍휼

나사로 이야기

● 요한복음 11:1-13

교회학교에 다니던 소년 시절, 나의 선생님은 이따금씩 아이들에게 분반공부 시간에 좋아하는 성경 구절을 암송시켰다. 요한복음 3장16절은 단골 메뉴였다. 그래서 한 아이가(아마도 여자애였던 것 같다) 손을 번쩍 들더니 그 구절을 완벽하게 암송하는 것이었다.

나는 간단명료함의 명수였다. 나는 다른 애들이 긴 구절을 외울 때, 그 대신 요한복음 11장35절로 때웠다.

"예수께서 눈물을 흘리시더라."

선생님은 그러면 다른 아이에게로 넘어가 주셨다. 나는 더 이상 질문 받을게 없어서 편안해졌다.

　그러고 난 후, 그 다음을 위해서 더욱 진지하게 성경에서 가장 짧은 구절들을 찾기 위해 애썼다. 사실, 그것은 나의 호기심을 자극했다. 요한복음에 있는 이 짧은 몇 개의 단어가 이 책의 한 장을 장식하게 하지 않는가! 예수께서 눈물을 흘리시더라. 이런 것을 상상해 보라. 전능하신 하나님, 그분이 눈물을 흘리셨단다. 모든 것을 창조하신 분, 그분이 친구 마리아와 더불어 우셨다. 형용치 못할 기적들을 행하시는 그분, 바람에게 명령을 내리시는 그분께서 백주 대낮에 멀거니 서서 울고 계셨단다. 왜 이런 일이 벌어져야만 했는가?

　요한복음 2장에서 우리는 예수님이 예루살렘 근처 베다니에 살고 있는 나사로, 마리아, 그리고 마르다와 가까운 친구이셨음을 읽는다. 나사로는 그의 장례식 분위기가 입증하듯 걸출한 인물이었고, 그의 두 여동생들은 정말이지 많은 사람들의 사랑과 귀염을 받는 자들이었다. 예수님께서 예루살렘까지 여행하실 때마다 그들의 집에 머무시면서 즐겁게 식사하셨다는 것을 쉽게 짐작할 수 있다. 나사로와는 어렸을 때부터 집안처럼 가깝게 지내던 친구였을지도 모른다. 그가 예수님의 사역을 위해 재정적 후원을 하고 있었는지도 모른다. 우리는 이런 추측이 사실인지는 알 길이 없지만, 그들이 예수님과 특별한 우정을 가지고 있었음은 자명하다.

그런데 나사로가 중병에 걸려 거의 죽게 되었다. 그의 누이들이 할 수 있는 일은 한가지뿐이었다. 사람들을 예수님께 보내는 것이었다. 그들은 주님이 전에도 수도 없이 병 고치시는 것을 보았다. 그들은 확실하게 예수님을 믿고 있었다. 그들은 한시라도 빨리 예수님께 이 소식을 전해야겠다는 일념뿐이었다.

소식을 전하는 자가 예수님께 당도했을 때, 그분의 제자들은 주님의 반응에 깜짝 놀라 펄쩍 뛸 지경이었다.

"서두시게 친구들. 나사로에게 신속히 가야겠네"라고 말씀하시는 대신 그분은 정 반대의 말씀을 하셨다.

"기다려라."

그리고는 하나님의 영광이 이 질병으로 말미암아 나타나게 될 것이라고 예언하셨다. 이틀이 지난 후, 그들이 떠날 채비를 하고 있을 때, 예수님은 그 사람 나사로가 죽었다고 말씀하시면서, 그를 깨워야겠다고 하시는 것이었다.

제자들의 입장에서 한번 생각해보라. 그들은 이제까지 예수님과 항시 함께하였다. 그런데도 그들은 그분에 대하여 여전히 제대로 알지 못하고 있었다. 아니 세상에 그분은 그 소식 전하러 온 자의 안색을 보지 못하신 것일까? 어째서 그분은 저토록 만사 무사

태평하신채 저토록 유유낙낙하고 계신 것인가?

예수님이 베다니 외곽에 도착하셨을 때, 나사로는 이미 죽은 지 나흘이나 되었다. 장례식도 끝났다. 애도하던 많은 사람들이 떠나갔다. 마리아와 마르다는 자기들 오라버니의 마지막을 예수님께서 함께하지 않으신 것에 대하여 참으로 실망하고 있었다. 그들은 그분은 너무도 바쁜 분이시기 때문에 하시던 일을 멈추고 자기들 집에 오기 위하여 짬을 낼 수 없었던 거라며 스스로 마음을 달래보려고 애를 써봤다. 그랬음에도 불구하고 그분이 제시간에 오셔서 자기들 오라버니를 살려주지 않으신 것에 대하여 서운한 마음이 가시지 않았다.

예수님이 마을 외곽에 와 계시다는 소식이 전해지자 마르다는 활기가 돋았다. 좌절했던 감정들을 버리고, 그녀는 서둘러 그분께 가서 믿음을 표현했다.

"주께서 여기 계셨더라면 내 오라버니가 죽지 아니하였겠나이다."

그러자 예수님은 그녀가 깜짝 놀라 펄쩍 뛸만한 답변을 하셨다.

"네 오라비가 다시 살아나리라."

자연스럽게 마르다는 그분께 대답하였다.

"마지막 날 부활 때에는 다시 살아날 줄을 내가 아나이다."

그녀는 지금 즉시 그렇게 될 것이라는 주님의 말씀의 뜻을 알지 못했다.

그녀는 주님께서 더 하시는 말씀을 들을 새가 없었다. 대신 마르다는 집으로 돌아가 자기 누이에게 말하였다.

"마리아, 예수님이 도착하셨어."

마르다는 활력이 넘치는 여성이었다.

마리아의 성격은 그녀의 누이와는 대조적으로 과묵한 편이었다. 그녀는 차분하게 생각하는 형이었다. 성경의 다른 장면에서 우리는 그녀가 예수님의 발치에 앉아서 그분의 가르침을 경청하는 모습을 본다. 그것에 비해 마르다는 음식을 장만하고 있다. 틀림없이 마리아는 그분이 계시지 않을 때, 그분의 새로운 말씀을 여러 차례 곱씹어 숙고해 보았을 것이다. 그녀는 자세하게 예수님을 알고 싶은 열망으로 불타는 사람이었다.

나사로의 죽음에 대한 마리아의 반응을 상상해 보라. 가족에 대한 사랑이 그녀에게 가장 우선시 되었다. 그녀는 아주 친근한 성격의 친구였기에, 사람과 사귐을 가질 때, 그녀는 항상 그곳에 함께 있어주는 타입이었다. 의심의 여지없이 그녀는 자기 오라비와도 함께 여러 시간동안 예수님의 사역과 이스라엘의 메시아이신 그분에 대한 신앙에 대하여 즐겁게 대화를 하였다.

그러던 나사로가 이제 가버렸다. 더 이상 밤이 늦도록 함께 친밀하게 대화할 상대가 없다. 한 상 가득히 차려진 식탁에 둘러앉을 수 있는 식구가 사라져 버렸다. 웃는 일도, 껴안아 주는 일도 없어져 버렸다. 모든 것이 끝났다. 마리아는 스스로 부지하기 힘들 지경이었다. 그녀는 자신의 상처를 보이는 것을 부끄러워하지 않았다. 그녀는 실낱같은 치료의 희망이 남아있는 시간까지만이라도 예수님께서 나타나 주시기만을 지독할 정도로 학수고대하였다. 그런데 유감스럽게도 그분은 오시지 않았다.

그러다 그녀는 소식을 들었다.

"선생님이 오셔서 너를 부르신다."

장례를 치룬 뒤 며칠이 지났는데도 그 날의 슬픔이 생생하기만 하다. 봇물처럼 쏟아지는 생각들이 그녀의 마음을 산산이 흩어버리고 있었다. 예수님을 만나보는 것도 좋을는지 모른다. 나사로도 임종직전까지 그분에 대하여 이야기했다. 그분이 일주일 전에만 이곳에 와주셨어도 얼마나 좋았을까? 그분이 어디에 계시다고? 이제 가서 그분을 봐야겠다!

그리고 얼마가 지났을까, 그녀의 시야 저 멀리에 그녀의 너무나도 소중하신 그 친구가 보였다. 그녀는 감정을 더 이상 주체할 수 없었다. 자기를 바라보시는 예수님의 눈동자 속에 드리운 그 측은한 눈빛에 그녀의 눈물샘이 터져버리고 말았다. 그녀의 친구들도 같이 흐느껴 울기 시작하였다. 그녀의 시야는 눈물범벅이 되어 흐려졌지만, 그녀의 발걸음은 한걸음씩 한걸음씩 그분을 향하여 옮겨가더니 결국 그분의 품에 안기고 말았다.

이제 시선을 주님께로 돌려보자. 기대를 가지고 오시면서 그분은 나사로가 다시 살아났을 때, 어떻게 사람들의 마음의 완악이 꺾일지 알고 계셨고, 많은 사람들이 그분을 자기들의 메시아로 영접할 것을 예견하셨을 것이다. 하지만 그 순간 그분 마음에는 그 모든 것이 연기처럼 사라져 버렸다.

오직 마리아 – 예수님은 오라비를 먼저 보내면서 얼마나 그녀의 마음이 애절히 찢어졌을지 헤아리셨다. 게다가 주님이 안 계심으로 인하여 그녀가 겪었을 그 비탄함을 충분히 절감하실 정도로 그녀에 대하여 잘 알고 계셨다. 그분은 그녀에게 장광설을 늘어놓으며 모든 것을 설명해 주실 수도 있으셨다. 그녀는 얼마나 열정적으로 그분의 말씀을 잘 경청하는 여인이었던가! 그러나 무슨 말로 이 순간을 적절히 표현할 수 있단 말인가!

요한은 이 장면을 기록하면서 심령에 비통히 여기시고 불쌍히 여기셨다고 표현한다. 그리고는 예수께서 눈물을 흘리시더라고 적었다.

왜 그분이 우셨을까? 대답은 분명하다. 그분은 자신의 사역을 잠시 멈추시고 전적으로 자기 벗의 감정에 몰두하셨던 것이다. 그분은 그녀의 아픔과 비탄을 마치 그분 자신의 것처럼 느끼셨다. 그분은 그녀에게 말이 필요 없으셨다. 그분은 오직 그녀를 온화하게 붙잡아 주셨고 그녀가 마음껏 울 수 있도록 하셨다. 그분의 눈물은 해주셔야할 모든 말을 한꺼번에 다 대신해주었다.

'내가 너와 함께 있단다, 마리아야! 이심전심이다. 네 옆에 나도 있어 너와 함께 네 감정을 나누고 있다는 것만 알아주었으면 좋겠다.'

나는 그들이 마침내 대화를 나누기 전에 몇 분간의 정적이 흘렀다는 것을 상상할 수 있다. 그분은 그녀에게 납득이 되는 말로 위로하셨다. 그런 다음 그녀에게 마르다에게 하셨던 말씀을 그대로 해주셨다.

"지금 보기에 늦는 것 같아도 나는 여전히 기적을 일으킬 것이란다."

다른 사람에게 예수님의 긍휼을 나타내기

예수님은 마리아를 긍휼히 여기셨다. 긍휼이란 그 사람과 똑같은 관점에서 그 사람의 감정과 인식을 경험하는 능력을 말한다. 그분은 기꺼이 자기가 하셔야 할 일을 멈추시면서까지 마리아로 하여금 그녀가 충분히 이해할 수 있도록 해 주셨다.

마리아가 느낀 기분을 당신은 충분히 공감하고 있는가? 아마 당신은 고립감이나 상처받고 있다는 느낌을 가진 적이 있을 것이다. 또는 분노, 두려움, 무감각 등 그와 유사한 것들을 겪어 보았을 것이다. 당신은 가장 친한 벗이 돌아오기만을 목이 빠지도록 고대하면서 아마도 마리아처럼 위로를 받고자 했는데 당신과 모든 것을 나눌 수 있는 그 한 사람이 오지 않고 있다. 그랬다가 그 특별한 사람이 와서 당신에게 말을 건넨다. 당신은 주체할 수 없는 슬픔의 눈물을 흘리며, 위안이 되기도 하면서, 과연 진짜일까 하며 눈을 의심하게 된다. 이것이 바로 마리아가 서 있었던 그 자리였다.

바로 그 자리에 테이미도 역시 있었다. 그녀는 1장에서 언급했던 여인이다. 그녀는 교회에 한 번도 빠지지 않고 잘 다닐 정도로 성실했지만, 여러 해 동안 감춰진 분노와 불안으로 시달렸다. 게

다가 그녀는 다른 많은 자모들이 겪고 있는 스트레스 요인들을 가지고 있었다. 왜 그녀는 그토록 우울한 느낌을 갖고 있는 것일까? 이 40세의 여성과 상담을 하면서, 내가 발견한 것은 그녀는 자신의 감정들을 다스리는 것이 아니라 그것에 사로잡혀 있다는 점과, 그 사로잡혀 있는 감정들을 오히려 다른 사람에 의해서 조정 받다 보니 자신의 능력 상당수를 상실해 버리게 되었다는 점이다. 그녀와 나는 이것을 놓고 재미있게 토의를 했다.

"처음 대면했을 때, '나는 내 가족의 필요들 속으로 완전히 빨려 들어가 있습니다'라고 말하는 것처럼 보였답니다." 테이미가 주석을 달았다.

"하루 일과 대부분은 다른 사람을 위해서 일하는 것으로 구성되었죠. 아이들의 요구는 점점 늘어만 갔고, 나도 만만치 않았죠. 애들을 위해서 별별 일을 다 한 건 사실이지만 솔직히 인정해서 나는 아이들의 감정 따윈 아랑곳하지 않았죠."

"내 딸이나 아들이 성질을 부리면 나는 그들을 줄 세워놓고 파괴적인 말은 아예 꺼내지도 말라고 했죠."

테이미는 놀이친구와 싸운 10살 난 딸, 안나를 나무랐던 이야기를 하였다. 그 때, 그녀가 생각해냈다는 것은 고작 '안나 줄 세우기'였다. 그녀의 반응은 결국 그 딸이 자기 엄마를 아동학대로 경찰서에 고발케 하는 참사를 불러들였다. 우리가 함께 하는 시간에 테이미는 당면한 문제를 파국으로 몰고 가지 않으면서도 타인의 감정에 반응하는 법에 대하여 알고 싶다고 말하였다.

그래서 이제 우리는 상대를 긍휼히 여길 수 있는 필수적인 몇 가지 요소들에 대하여 검토해 보려고 한다.

우리는 감정들이 제 갈 길로 가도록 해줄 필요가 있다

대다수의 사람들은 누군가 문제를 들고 와서 자기들에게 이야기를 해줄 때, 자기는 이미 준비된 해결사라는 사실을 인정해야 한다. 이것을 잘 보여주는 사례는 바로 테이미가 자기 딸에게 반응할 때 종종 일어났던 일들이다.

감정을 풀려면 그에 관련한 지식이 있어야 하기 때문에 감정을 자유롭게 표현할 수 있게 해 주어야 한다. 만일 어떤 사람이 나에게 친구의 거절 때문에 자기는 분노를 느낀다고 이야기해 주었다고 치자. 즉각적으로 무슨 해결책을 제시하는 것이 아니라, 나는 왜 이 사람이 그토록 분노를 느껴야 했는지 이해하기 위해 시간을 가질 필요가 있다. 그렇게 함으로써 나는 두 가지를 얻을 수 있다. 보다 많은 정보에 입각하여 내린 처방이므로 나의 대답은 보다 유효할 것이다. 또한 나는 그 사람이 이런 식으로 느낀 것은 옳은 반응이라는 것을 알게 되었다.

당신의 아내가 그녀의 친구가 점심약속을 취소할 수밖에 없는 일이 생겨서 가엾다고 이야기했다고 해 보자. 당신은 이렇게 대답할 수 있다.

"어 그래, 내 생각에는 그 친구에게 다시 전화해서 다른 날로 약속을 잡으면 될 것 같은데."

혹 당신은 긍휼어린 마음을 가질 수 있다. 당신은 이같이 깊이 있는 질문을 던질 수 있다.

"당신 친구가 계속해서 점심 약속을 취소할까봐 염려스러운데 어쩌지?"

혹 당신의 아들이 안 좋은 성적 때문에 낙심하고 있을 때 당신은 이렇게 대답할 수 있다.

"전에도 내가 얘기했지만 다음번에 잘하라고 열심히 공부하라는 신호 아니겠니?"

아니면 당신은 긍휼어린 마음을 가질 수 있다. 당신은 진심으로 그의 실망하고 있는 마음을 헤아리며 이렇게 말할 수 있다.

"네 얼굴을 보니 그런 나쁜 성적을 기대했던 것이 아니었구나."

타인이 그가 가지고 있는 긍정적 감정을 현재 힘들어 하고 있는 사람과 함께 공유하여 주면 부정적 감정들이 억압된다는 것이 인간이 가지는 일반적인 성향이다. 만일 어떤 친구가 열정적으로 우리에게 연봉이 올랐다고 말했다고 하자. 우리는 그 친구가 전하는 기쁜 소식을 축하하는 대신 "내 연봉이 오른 지 꼭 일 년만이네"라며 반응할 수 있다.

정녕 긍휼어린 마음을 갖는 것이 우리의 목표라면, 우리는 다른 사람이 그들의 감정을 표현하도록 해 주어야 한다. 우리는 심사숙고하여 이렇게 말할 수 있다.

"연봉이 오를 때까지 오랜 시간을 기다려야 했겠구나! 참 대단한데?"

긍휼의 마음을 가진 사람이 되려면 감정도 역시 인간을 구성하는 필수 요소라는 점을 인정해야 함은 물론, 사람들의 감정을 충분히 탐구하는 것이 필요하다.

나는 테이미에게 이야기 해 주었다.

"각종 세미나와 연수과정에서 사람들이 말하는 것을 들어보면, 각종 성격적 장애를 가지고 있는 사람들은 감정적 수준으로 자기 의사를 표시한다고 하더라구요. 나로서도 감정조절이 쉽지 않아요. 때로 어떤 감정은 내가 의도했던 것보다 훨씬 더 오래 지나야 제거가 되기도 하지요. 나는 좀더 신속하게 결과를 얻으려고 시도를 해봅니다. 결과를 얻기에만 급급하다보면 어떤 때는 내가 계발하기 원했던 관계형성을 위한 통찰 자체를 잃어버리게도 된답니다."

그녀의 통찰에 편승하기 위해 나는 질문을 했다.

"만일 당신이 다른 사람의 감정에 맞추게 된다면 무엇이 달라질까요?"

"나는 좀더 많이 참으면서 대화할 수 있을 것 같은데요. 확신해요."

그러면서 그녀는 목소리를 늦추며 의견을 말하였다.

"나는 결론에 도달하려고 서두르지 않게 될 거예요." 잠깐 말을 멈췄다.

"당신도 알다시피, 나의 생활은 '그 다음에 해야만 될 일은 뭐지?' 하면서 질주하듯 달렸어요. 대화하는 방식도 마찬가지로 질주하는 형이었지요. 이제 나는 내 가족들이 자기들이 느끼는 것을 그대로 느끼게 해 줄 거예요. 무슨 말이냐 하면 닥친 환경을 스스로 체질해 보려면 때때로 길게 시간을 가져야 되잖아요. 그렇게 할꺼예요."

예수님은 마리아의 슬픔이 멀리 떠나갈 때까지 서두르지 않으셨다. 이로써 그분은 얼마나 그분께 그 여인이 소중한 존재란 것을 강력하게 보여주신 것이다. 그녀의 감정들이 제 갈 길로 가도록 주님께서 기꺼이 기다려주심으로써 그녀의 인생에 대단한 영향력을 끼치셨던 것이다.

긍휼어린 마음을 가지려면, 우리는 반드시 감정들이 제 길을 가도록 해줘야 하며, 또한 예수님이 하셨던 것처럼 우리의 해야 될 일들을 미뤄야만 한다.

우리는 우리의 해야 될 일들을 미뤄야 할 필요가 있다

예수님이 베다니로 돌아가셨을 때, 그분은 나사로의 무덤에서 죽은 자를 다시 살리는 기적을 행하실 분명한 일정을 가지셨다. 그분은 심란해하는 마르다와 마리아를 그냥 두고 보실 수만은 없으셨다. 하지만 예수님이 하시는 일들은 언제나 그러했듯이 매우 중요한 일들뿐이어서 타인에 맞춰서 지체해도 될 만큼 여유롭지 않았다.

수년전, 나는 개인적으로 중요한 일처리를 한답시고 다른 사람의 감정은 아랑곳하지도 않았던 파렴치한 행각을 가정에서 벌였던 적이 있다. 식구들은 여느 때와 마찬가지로 저녁 시간을 보내고 있었다. 나는 서재에 틀어박혀 며칠 후에 있을 성경 강좌를 위해 교수안을 준비하고 있었다. 나의 딸 카라는 당시 여섯 살이었는데, 부엌에서 열심히 그림에 색칠하고 있었다. 그림을 마치고 그 아이는 서재로 들어와서 그림을 손에 받쳐 들고 소리쳤다.

"아빠, 내 그림 좀 봐줘요!"

나는 책을 읽고 있던 안경 너머로 그 아이를 힐끔 쳐다보며 대답했다.

"아빠가 중요한 것을 읽고 있는 게 안 보이니? 몇 분 뒤에 하던 일을 마치고 함께 있어 줄게."

그리고는 고개를 책속에 다시 쳐 박았다.

나의 눈 한쪽 구석에서 카라의 미소가 사라지는 것을 보았다. 풀이 죽은 아이는 부엌으로 걸어서 되돌아갔다. 딸에게 무관심한 애비라고 생각했을 수도 있고 혹 무감각한 육포 덩어리라고 여겼을 수도 있다.

그때였다. 죄책감이 나를 후려쳤다.

'여기서 그리스도인의 삶에 관한 매우 중요한 책을 읽고 있으면 단가? 난 내 하는 일을 마치려고만 하는 거잖아. 그리스도인의 삶을 제대로 살고 있지도 않으면서 말이야!'

즉시 나는 카라를 부르면서 물었다.

"아빠에게 보여주려 했던 게 어느 거니?"

아이는 쏜살같이 서재 안으로 되돌아 왔다. 그 초롱초롱한 눈망울을 반짝거리며 으쓱 으쓱 자랑스러워하며 자기의 걸작품을 보여주었다. 사오분간에 걸쳐 그림이야기를 주고받으면서 우리 딸에 계획하고 있는 다른 작품이 뭔지도 들었다. 잠시 아이를 양팔로 끌어안고서 나는 네가 자랑스럽다고 말해 주었다. 그러자 아이는 아주 흡족해하면서 달려 나갔다.

내 할 일을 오분 정도 미루고 딸의 기분을 맞춰주는 것이 나에게 어려운 일이었을까? 아니다. 아이와 시간을 보내기 위해서 나의 일을 멈추는 것이 나에게 이 얼마나 자연스러운 일이었던가 말이다! 이제 화제를 바꾸자.

당신에게 어쩌면 긍휼을 가지라는 말이 어색하게 들릴 수도 있다. 당신의 어린 시절을 생각해 보면, 당신의 부모님이 관계보다는 실적을 강조했다고 기억할 수 있다. 열한 살 이상의 어린이들을 조사해 본 결과 그들은 부모에게서 형제간의 감정 처리법을 배우기보다 방청소와 학교 과제물 수행에 대한 압박을 받고 있는 것으로 밝혀졌다.

성인된 자로서 우리도 별반 다를 게 없다. 우리는 세상이 우리에게 요구하는 것은 일이라고 배워서 그대로 따라간다. 우리는 가정에서까지 무슨 순서 비슷한 것을 만들어 놓고 그것에 따라서 살아야 된다며 염려하면서 그것에 온 신경을 집중시킨다.

상호 관계에 대한 예수님의 방식을 배워야 한다. 분명히 그분은 실행 가능한 많은 수행 목표들을 가지고 계셨다. 그런데 그 무엇보다도 그분은 사람과의 교제를 견고히 하는 일을 중시하셨다. 개개인의 심연 깊숙한 곳에 위치한 감정들에까지 귀 기울여 들으시는 그분은 이런 사실을 확증하셨다.

'너희는 나에게 그 무엇보다 최고로 중요하단다.'

당신은 어떠한가? 당신은 어느 때 타인의 감정을 가장 많이 무시하는 것 같은가? 당신의 주의력을 분산시켜 당신과 가까운 사람들의 감정을 살필 수 없게 만드는 행동들에는 어떤 것들이 있는가? 정직한 평가는 당신이 좀 더 긍휼어린 마음을 가지는 데 도움이 될 것이다.

분명히 말해서, 우리가 진실로 긍휼을 베풀 줄 아는 사람이 되기 위해서 반드시 필요한 것은 기꺼이 참여하는 마음이다.

우리는 기꺼이 참여하는 자가 될 필요가 있다

긍휼히 여긴다는 것은 상대의 인격 속에 개입하여 들어가는 감정이입을 뜻한다. 그러므로 상대방과 연관을 맺고 싶어하는 소원을 가져야만 한다. 그것은 우리가 계속해서 상대방이 좋아하는 것이 뭔지, 감정의 기복이 어떤지, 어떤 식으로 자극에 반응하는지 알려고 노력해야 한다는 것을 의미한다.

나는 테이미와 같이 일상이 바쁜 내담자와 상담할 때면 종종 공통되는 항의를 듣는다. 그녀는 그것을 잘 표현하였다.

"당신은 지금 나에게 지금 하고 있는 일 말고도 더 많은 일에 관여하라는 건가요? 카터 박사님, 나는 지금도 너무 많은 일에 관여하고 있거든요. 난 그 일들을 어떻게 다 감당해야 하는지 모르겠는데, 더 이상 이보다 더한 일에는 관여할 수 없습니다."

그런 항의는 이 내담자들이 내 의도를 잘못 해석하고 있다는 것을 나타낸다. 나는 더 많은 활동에 참여하라고 말하고 있는 것이 아니다. 나는 감정적인 참여를 언급하고 있는 것이다. 때때로 그것은 많은 시간이 필요치 않다.

내 딸 카라에게 잠깐 시간을 내주었던 순간으로 돌아가자. 나는 그 아이의 계획에 참여하게 되었다. 그래서 내가 치러야 했던 값은 고작해야 수분동안의 시간이었다. 하지만 그 순간 아이에게 해준 말은 수를 헤아릴 수 없을 만큼 대단한 것이다.

"너는 소중하단다. 네가 느끼는 것은 중요하단다. 나는 네게 흥미를 가지고 있단다."

몇 차례 더 이런 특별한 순간을 가진 후, 카라는 자기 아빠가 자기를 아주 각별히 생각하고 있다고 여기게 되었다.

감정적 개입은 자신의 필요를 옆으로 던져버리는 것을 의미하지 않는다. 그것은 또한 당신이 즉석에서 상담자가 되라는 뜻도 아니다. 그것은 단순히 눈에 보이는 행동 이면에 감춰있는 내면의 문제를 살펴보는 것을 뜻한다.

감정적 개입은 다른 사람의 마음속에 어떻게 하면 이입될 수 있는지를 살피는 것이기 때문에 창조적인 대화가 요청된다. 이것은 당신이 당면한 문제를 놓고 토의하는 과정에서 상대의 어깨를 당신의 팔로 감싸 주어야 하는 이유이다. 그럴 때 관계가 형성된다.

이것을 테이미에게 설명하면서, 나는 덧붙였다.

"내가 발견한 것이 있어요. 내가 어떤 사람과 함께 행동에 대하여 상담을 하다보면 금새 그 행동과 관련된 사건 쪽으로 말이

틀어지게 되죠. 어떤 사람이 자기 아이가 좋아하는 것을 말할 때, 나는 그 비슷한 이야기로 내 딸 카라에 대해 말하게 됩니다. 당신도 그렇지 않나요?"

"저도 그렇게 되죠, 혹시 그런 게 잘못되었다고 생각하는 건가요?"

"그런 것이 아니라, 내가 제안하는 것은요. 주제를 돌려서 나의 의견 쪽으로 바꾸기 전에 다른 사람의 입장에 조금이나마 길게 머물러야 할 필요가 있다는 겁니다. 그런 식으로 대화할 수 있도록 나는 매우 조심하고 있답니다."

그리스도의 성육신은 인격적 관여의 가장 탁월한 설명이 된다. 추상적이고 접근이 불가능한 존재로 남아계신 것이 아니라 전능하신 하나님이 가히 생각할 수도 없는 일을 하셨다. 그분이 자신의 보좌를 버리고 내려 오셔서 인성을 취하여 그 안에 자신을 충만하게 채우셨다. 그분은 굶주림의 고통을 겪으셨고, 그분은 세상의 추위도 견디셨다. 그분은 우리와 마찬가지로 주무시기도 하셨다. 그렇게 하심으로써 그분은 우리와 동일시 하셨다.

끝으로, 긍휼을 보이려면 우리는 다른 사람의 상황에 대하여 우리가 이해하고 있다는 것을 공개하여 보여줄 필요가 있다.

**우리는 우리가 이해하고 있다는 것을 공개적으로 보여줄 필요
가 있다**

지금쯤 이미, 긍휼이라는 것은 "나는 당신이 어떻게 느끼는지
이해합니다"라고 말하는 것보다 훨씬 더한 것임이 분명해졌을 것
이다. 그렇지만 긍휼이란 당신이 알아차린 것을 공개적으로 고백
하는 것도 포함한다. 예를 들어, 사교모임이 취소되었다는 말을
듣고 전화를 끊고 있는 낙담한 십대에게 당신은 이렇게 말할 수
있다.

"나는 네가 얼마나 가고 싶어 했는지 안단다. 이것은 정말로
실망스런 일이로구나."

얼마간의 사람들이 말한다. "내담자들은 그들의 감정에 대하
여 말할 상대를 찾는 대신 혼자 있고 싶어 한다는 생각은 안 해 봤
습니까?"

그와 정반대이다. 내가 발견한 바에 의하면, 그들의 내면에 무
엇이 있는지 보려고 대화를 시도해 보았더니, 상당수의 내담자들
이 그런 대화의 진가를 인정하였다. 나는 최초 상담 시에 내담자
에게 만일 마음이 편치 못한 정도가 심하다 싶으면 내게 꼭 알려

줘야 한다며 당부한다. 만일 일이 터졌다면, 조처하면 된다.

수년 전, 한 친구가 바이러스성 뇌염으로 병원에 입원을 하였다. 뇌의 염증은 심한 고통을 초래할 수 있으며 잠재적으로 사망에 이르게도 할 수 있다. 그 소식을 들은 나는 즉시 병원으로 가서 그를 만났다. 같은 시간에 또 다른 친구가 병문안을 하러 병실로 들어왔다. 톰의 병실은 어두운 편이었고, 그는 고통스러워했다. 짧게 대화를 나누면서 나는 의견을 말했다.

"톰, 갑자기 발병해서 놀랬지? 이 심각한 병과 투병하고 있는 기분은 어때?"

내가 말하기 전에 다른 친구가 끼어들었다.

"지금 이런 종류의 문제로 염려할 것 없어. 톰, 여기 병원음식은 좀 어때?"

그는 신중하게 절제하면서 몇 분 동안 이런 식으로 대화를 하였다. 그리고 병실을 떠났다. 그 순간, 톰은 나를 향하여 말하였다.

"이제, 아까 했던 질문에서부터 다시 시작하지…"

수십 분 동안 우리는 병에 대한 그의 두려움과 아내와 자식들에 대한 그의 걱정을 놓고 논의했다.

톰은 자기가 처한 곤경에서 빠져나오려고 분투하는 동안 절대로 자기는 혼자가 아니란 것을 느낄 필요가 있었다. 그에게는 긍휼어린 마음을 가진 경청자가 필요했다. 그 한 친구는 이런 감정들을 놓고 토의하면 톰이 과도한 스트레스를 받을 수 있다는 잘못된 가정을 했던 것이다.

하나님께서는 인간들이 기계와 같이 정확하게 작동되는 것을 원치 않는다는 것을 입증하시려고, 우리에게 객관적인 반응기제인 감정을 주셨다. 우리가 서로 감정적으로 어루만지는 것을 거절한다면 우리는 인생을 헛살고 있는 것이다. 이것을 아시는 예수님은 자유롭게 감정의 수위에 따라 말씀하셨다. 특히 일대일 상황에서는 말이다.

긍휼이라는 습관을 숙고하면서, 다른 사람의 감정을 용인해 줌으로써 각종 관계의 증진이 생기게 된 여러 가지 사례들을 생각해 보라. 그리고 그 사례들에 대한 당신의 반응은 어떤지 짚어보라.

긍휼이 가져오는 결과를 생각하라

사도 요한은 어떻게 마리아가 예수님께 반응했는지에 관하여 아무런 기사도 남기지 않았다. 그는 수 주 후에 예수님이 나사로의 집에 계셨다는 시점만 기록해 놓았다. 마르다는 그분을 위하여 음식을 장만하였고, 예수님은 나사로와 대화를 즐기고 계셨다. 그

때 마리아가 노동자의 평균 일 년 임금에 해당하는 값비싼 향유 병을 들고 나타난다. 한마디 말도 없이, 그녀는 병을 열어서 그 기름을 예수님의 발에 붓고, 정성껏 자기 머리털로 그분의 발을 마사지하듯 닦아드렸다. 그녀의 마음에 몇 가지 질문들이 떠올랐다. 그녀는 생각하고 생각하면서 어떻게 그 친구 분을 영화롭게 해드려야 할런지 궁리하였다. 이것이 바로 그녀가 생각해낸 가장 최선의 유일한 방법이었다.

우리와 마찬가지로 마리아는 감정의 기복을 가지고 있었다. 그녀는 예수님께서는 자기가 무엇을 표현해도 다 받아주신다는 것을 발견하였다. 그녀의 향수 선물은 바로 이런 뜻을 담은 것이다.

"나의 마음을 터치해 주셔서 고맙습니다."

그것은 바로 우리의 관계에 긍휼을 장착했을 때 생기는 일이다. 우리와 관계하는 사람들이 이런 말을 할 것이다.

"이심전심을 느꼈어요. 당신이 나를 다른 사람 되게 했어요."

카라에 대한 다른 이야기로 결론을 맺고자 한다. 앞에서 언급한 사건이 발생한지 5년 후, 카라와 그 친구가 땀에 흠뻑 젖어 숨을 가쁘게 몰아쉬면서 집 안으로 급히 뛰어 들어왔다. 그들은 내 의자 앞에 앉았다. 나는 두 눈을 크게 뜨며 말했다.

"세상에 무슨 일이 났니? 너희 둘 마치 유령을 본 것 같아 보이는데?"

"그것보다 더 최악이에요, 아빠! 우리는 라이언을 봤단 말이어요. 그런데 그가 우리만 따라오잖아요!"

라이언은 이웃에 사는 열두 살 정도 돼 보이는 사내아이다. 그 아이는 자기의 애정을 여자 아이들을 가차 없이 괴롭히는 것으로 보여준다. 당신도 이웃 가운데 라이언 같은 자를 두고 있을듯하다.

나는 천천히 고개를 가로 저으며 말했다.

"오, 너희들 고얀 친구를 만나 조마조마한 나머지 가슴이 쿵덕거렸겠구나. 우리 이 일에 대해 얘기 좀 하자."

나의 대답을 들으면서 카라는 자기 친구에게 기대며 말했다.

"너 우리 아빠를 이해해야 돼! 아빠는 나의 느낌에 대해 얘기하는 걸 좋아하시거든. 나쁜 게 생기면 우린 이런 식으로 토의를 한다구."

나는 아이의 설명에 즉시 싱긋 웃어주며 속으로 생각했다.

'이번 주에 나에 대해 들은 최고로 신나는 말이로군!'

명심하라. 만일 당신이 긍휼을 충분히 나타내면, 당신은 그에 걸맞는 호평을 받게 될 것이다.

▶ 묵상과 토론

◣ 읽을 말씀: 요한복음 11:1-36

1. 예수님은 마리아의 감정 속으로 이입되셨다. 그분은 그녀에게서 무엇을 느끼셨기에 그토록 깊이 감동되신 것일까?

2. 마르다는 이 장면의 생생한 증인이다. 성경은 마르다를 일종의 조직책으로 그리고 일을 수행하는 것을 그 무엇보다 좋아하는 사람으로 묘사한다. 예수님이 마리아와 함께 우셨을 때 그녀는 속으로 무슨 생각을 하였을 것 같은가?

3. 요한복음 11장36절에 목격자들이 이렇게 말하는 것이 기록되어 있다. "보라 그를 얼마나 사랑하셨는가?" 그들은 예수님이 나사로의 죽음을 애도해서 우시는 것으로 믿었다. 당신도 그렇게 생각하는가? 그 무리들이 과연 예수님을 정확하게 보았던 것인가? 설명해 보라.

4. 아래 진술들에서 긍휼의 정도를 점검해 보라. 당신은 어떤 것을 가장 많이 증진시켜야 하는가?

   • 당신은 감정들이 나름대로 제 길을 가도록 한다.
   • 당신은 어떤 사람이 인격상의 문제를 토로할 때 그 즉각 대답하려 들지 않는다.

- 당신은 상대의 감정이 표출되었을 때 이를 돌보기 위해서 잠시 자신이 하던 일을 기꺼이 멈출 수 있다.
- 당신은 업적보다는 감정이나 인식에 더 주의를 기울인다.
- 당신은 기꺼이 다른 사람과 인격적 교분을 가지게 된다.
- 당신은 다른 사람과 더불어 당신이 이해한 것을 터놓고 이야기할 수 있다.
- 당신은 서로간의 감정을 탐구하고 이해하는 시간을 가져야 한다고 여기기 때문에 인내에 높은 가치를 둔다.

5. 왜 긍휼어린 마음을 가지는 것이 때때로 자연스럽지 못하고 거북한가?

6. 당신이 긍휼을 베풀어야 했던 최근의 상황 네 가지를 생각할 수 있겠는가?

7. 당신이 성공적으로 친구나 가족에게 이해를 표시하였던 때를 생각하라. 그 이후 그 사람은 어떤 식으로 당신에게 행동하였는가?

8. 당신이 더욱 더 긍휼을 가진 사람이 되려고 할 때, 어떤 식으로 당신의 우선순위를 재배치하려 하는가?

6 그리스도의 소신(所信)

예수님과 환전상들

● 마가복음 11:15-18 / 누가복음 18:18-25 / 누가복음 19:45-48

대학원생 시절 한번은 교수님 한분이 나에게 "자네도 화 낼 줄 아나?"라고 물으셨다.

나는 즉시 생각했다.

'화 낼 줄 아느냐고요? 그럼 폼 안 나죠.'

돌아보면, 그 당시 내게 있어 그리스도인이라는 평판을 유지하는 것은 너무나도 중요했다. 그래서 나는 항상 사람냄새를 풍기지 않으려고 조심했다.

나는 점잔을 빼며 대답했다.

"글쎄요, 저는 분노의 감정을 별로 가져본 적이 없어서요, 아마 약간의 좌절감을 가끔씩 갖는다고나 할까, 화를 내지는 않습니다."

분명코, 진짜로 쿨하며 괜찮은 놈하고 지금 당신께서 대화하고 있다는 것을 교수님이 알아줘야 한다고 생각했다.

그분은 단 한마디 말로 나를 날려 버리셨다.

"레스군, 좌절감은 말일세, 화와 한통속일세. 불쾌하고, 민감하고, 초조한 게 화 아니면 뭐겠냔 말인가? 자네는 그런 감정들을 느껴본 적이 없단 말인 게로군."

이런! 난 감 잡았다. 들켰으니 더 이상 완벽한 척할 수만은 없었다.

"그러게요. 때때로 저도 그렇게 된답니다. 그러나 저는 그것이 과도하게 되지 않도록 애쓴답니다."

(인간이라면 누구나 다 가지게 되는 이런 감정들이 만일 내 안에서 전쟁을 일으키고 있다는 것을 인정하게 되는 날에는 마치 내가 죽는 줄로만 알았다.)

수년의 세월이 흐르고 난 후에야 난 그 허영을 내게서 떼어내 버릴 수 있었다. 나는 그제야 그것을 인정하였다. 나도 남들처럼 분노를 느낄 수 있다. 아이들이 한여름에 에어컨을 켜놓은 채 뒷문을 열어 놓고 나갔을 때, 운전할 때 어떤 운전자가 앞에 가면서 딴 데 신경 쓰며 얼쩡거릴 때, 강아지가 거실을 완전히 뒤집어서 난장판을 만들어 놓았을 때, 한참 열을 내며 이야기하고 있는데 누가 툭하고 끼어들 때 나도 분노를 느낀다.

나의 의도는 어떻게 해서든지 나의 분노를 제거해 보려는 데 있다. 나는 아무리 오랜 세월 별짓을 다해본다 해도 결국 분노를 제거하지 못하게 될까봐 그것이 두렵다. 나도 다른 이들과 마찬가지로 별 수 없는 한 인간에 불과하다. 그래서 내가 원하던 원하지 않던 이 분노가 돌출한다. 우리의 감정들은 우리네 인간들에게는 피할 수 없는 부속품과 같다. 오로지 로봇(내가 한때 살아보려고 했던 방식)이라야만 유쾌하지 않은 기분들에서 자유로워질 수 있다.

당신은 분노에 해당하는 유사한 감정들을 겪고 있는가? 그런다 해도 괜찮다. 당신이 그것을 인정한다 해서 약속하건데 당신에게 돌을 던지지는 않겠다. 어쩌면 당신은 분노에게 완전히 먹혀버린 에피소드를 가진 사람일 수 있다. 아니면 아직까지는 딱히 내놓고 그렇다하게 성질부린 일이나 참지 못한 일이 별로 없었던 사람일 수도 있다. 분노는 행동이 있는 곳에서는 어디서든지 광범위하게 나타난다. 우리는 결코 그것을 완벽하게 피할 수 없다. 그것에서 피할 수 있는 최선의 방책은 그것이 뭐라고 불리든지 간에 그것이 존재한다는 것을 인정하는 것이다.

예수님은 화를 내셨을까? 두말하면 잔소리다. 성경을 읽어보면, 당신은 그분이 자기중심적이거나 자기 의에 도취되어 있는 사람을 대면하셨을 때 책망의 말씀을 하신 것을 알 수 있다. 그분은 자신의 생각과 기분을 표출함으로써 타인에게 유익이 될 것이 분명할 경우 자신의 감정을 그대로 억누르고 있지만은 않으셨다.

예수님의 분노에 관해서 가장 많이 알려진 실화는 돈 바꾸는 자들로 바글거리며 부패로 만연하던 성전을 그분이 청결케 하신 사건이다. 그분이 보여주신 과격한 행동 때문에 우리는 종종 그분의 분노에 대해 오해한다. 따라서 이 사건에 대하여 주의 깊게 살펴보기로 하자.

예수님의 지상 공생애는 절정에 달하여 이제 십자가의 죽으심과 부활의 때가 코앞에 닥쳤다. 유월절 절기를 준비하기 위해 모두가 부산하게 움직이던 어느 날 그 사건이 벌어졌다. 도성에 입성하시기 전, 예수님은 언덕 꼭대기에 올라 그 거룩한 절기를 위해 예루살렘으로 쏟아져 들어오는 수많은 군중들을 한 눈에 내려다보고 계셨다. 강력하게 굽이치는 감정의 파고가 예수님을 덮쳤다. 그리고 그분은 장례식에서 호곡하는 사람처럼 가슴 찢어지는 아픔으로 눈물을 흘리셨다. 저토록 많은 시선들이 어쩌면 그렇게도 하나같이 구속에 대한 하나님의 계획을 알아차리지 못하고 있는 것일까? 주님의 마음은 메어지셨다.

이러한 감정이 성전을 향하여 발걸음을 옮기시는 주님의 마음에 여전히 가시지 않았다. 그래도 예배의 중추인 성전에서 만큼은 하나님을 향한 진정한 예배가 이루어질 것이라는 기대를 가지셨다. 성전 뜰에 가까이 다가가셨을 때, 도떼기시장에서나 들을 수 있는 행상인들의 고함소리가 주님의 귓전을 때려 주님의 마음이 상하기 시작하셨다. 상인들은 부자들을 위한 희생양과 일반 서민을 위한 비둘기를 팔고 있었다. 일단 팔기만 하면 판매자에게 엄청난 수익이 보장되는 터무니없는 고가에 거래되고 있었다. 그러면서도 상인들은 자기들의 소행을 합리화했다.

"이것 보시오. 우리는 이 많은 순례자들에게 편의를 제공하고 있는 겁니다. 이깟 동전 몇 푼 더 받는다고 해서 해될게 뭐가 있겠소?"

설상가상으로, 환전상들이 외부 화폐를 성전 화폐로 바꾸어 주고 있었다. 물론 이들도 상당한 이득을 챙기고 있었다.

그 소란스럽기가 하늘을 찌르는 듯했다. 그분이 바깥뜰, 곧 이

방인의 뜰에 들어서실 때까지 내내 진동하는 동물들의 역한 냄새로 예수님의 마음은 상할 대로 상하셨다. 이윽고 사건이 벌어졌다. 예수님이 고함을 지르시면서 판매상들과 구매자들을 몰아세우셨다.

"기록된 바 내 집은 기도하는 집이 되리라 하였거늘 너희는 강도의 굴혈을 만들었도다"(눅 19:46).

그런 다음 그분은 성큼 성큼 환전상들이 수북이 쌓아놓고 심혈을 기울여 지키고 있는 탁자들이 놓여 있는 쪽으로 다가가셨다. 그 탁자들을 세차게 걷어차 버리시자 동전들이 사방팔방으로 튕겨져 나갔다. 그분은 그와 똑같이 비둘기 상인들에게도 행하셨다. 새장에서 풀려나온 비둘기들이 재빨리 창공으로 날아올라 후드득 멀리 가버렸다. 상인들은 이리저리 기어 다니며 흘린 것들을 긁어모으느라 혈안이 되었다. 환전상들이 되찾아가기 전에 그 떨어진 돈들을 주머니에 주워 담느라고 구경꾼들은 정신이 없었고, 상인들은 그것을 막느라 실랑이를 벌였다.

예수님이 단독으로 성전 뜰의 거래를 종식시켜 버리시자 섬뜩한 고요가 한동안 지속되었다. 사람들은 그 지체 높은 사람의 위세에 할 말을 잃고 있었다. 그들 대부분은 분명히 속으로 쾌재를 부르며 생각했을 것이다.

'쌤통이다, 십년 묵은 체증이 다 내려가는 듯하네.'

참으로 대단한 날이었다.

예수님께서 화를 내가면서까지 이루려하셨던 것은 무엇인가? 그분이 예루살렘으로 들어오는 사람들을 내려다보시면서 느꼈던 그 가슴 찢어질 듯한 애통함에서 그 분노가 나왔다는 것을 기억하라. 예수님은 그들이 하나님의 사랑의 메시지를 잊고 있다는 것을 아셨다. 예수님의 분노는 힘을 과시하며 사나이다움을 보여주는 것이 아니었다. 대신 그분의 의도는 무엇이 아버지를 기쁘시게 해 드리지 못하는 것인지 자신의 확신을 단호하게 전달하려는 것이었다. 성전 뜰을 가득 메운 소란스러움과 정신 산란함 속에서 오히려 주님이 온화하게 신앙을 가르치셨더라면 그것이야 말로 진정 이상한 일이다.

예수님이 단호하게 자기주장을 펼치셨다고 해서 모든 순간에 그런 식으로 힘을 행사하신 것은 아니다. 예수님의 공생애 초기에 제자들은 여행 편의를 제공하지 않는 사마리아인의 동네에서 쫓겨났던 적이 있다. 화가 난 야고보와 요한은 예수님께 불을 명하여 하늘에서 떨어져 그 사람들을 소멸시켜 버리게 하자고 하였다. 예수님도 사마리아인들의 거절에 정이 떨어지셨겠지만, 도리어 그분은 그 제자들의 악의에 찬 요구에 성을 내셨다. 그분은 그들의 성난 마음을 꾸짖으셨다. 그리고 그들을 권하여 보다 호의적인 동네로 이동하자고 하셨다. 일정의 차질을 빚은 이 좌절의 사건에서 오히려 제자들에게 한층 더 높은 원리를 가르쳐 주셨고, 보다 더 편리한 환경으로 이동시켜 주셨다.

우리 대부분은 분노를 느꼈을 때, 어떻게 하는 것이 최선의 방법인지 불확실해 한다. 우리는 그 상황에 그저 순응해야 하는 것인가? 우리는 그 사람과 대놓고 격돌해야 하는가?

예수님은 자기의 견해를 밀어붙여야 할 필요가 있는 시점을 아셨다. 또한 그분은 자신이 정해 놓으신 한도를 넘지 않으셨고, 차분히 손을 떼어야 할 시점도 아셨다.

어느 정도로 분노가 당신을 점거하고 있는지 알아보기 위하여, 이들 상황들에서 어떤 것이 당신에게 해당하는지 생각해 보라.

- 다른 사람을 질책할 때, 나는 신경이 예민해지거나 비난을 퍼부으며 이야기하는 것으로 알려져 있다.
- 나는 일이 잘 안 풀리면 변덕스러워진다. 이럴 때는 나에게서 멀리 떨어져 있는 것이 상책이다.

●내가 표현하는 욕구 불만에 상대가 제대로 반응하지 않을 때, 나의 불쾌감은 통제 불능이 된다.

만일 당신이 이들 사례들 중 어떤 것에 해당한다고 해서 비상이 걸린 것은 아니다. 우리 모두는 자신의 분노가 안 좋은 방향으로 흘러가는 순간들을 경험했을 것이다. 우리의 분노를 조정하기 위한 계획을 세우기 위해서, 우리는 먼저 그것이 무엇인지부터 이해하여야만 한다.

분노란 무엇인가?

분노는 자기 보호의 감정으로서, 자존심, 자기 욕구, 자기 고집을 세울 필요가 있을 때 우리를 쥐고 흔드는 심증이다. 우리 대부분은 분노를 제대로 조정하지 못하여 안 좋은 결과를 경험했을 것이다. 그래서 분노는 어떻게 해서든지 피하고 봐야 한다고 쉽게 결론을 내린다. 다른 이는 분노는 불쾌한 간섭을 격퇴시키는 데 필요한 반작용이기에 좋다고 주장한다.

우리는 양쪽 극단을 피하기로 하자. 분노가 파괴적인 반사성을 가지는 것은 사실이지만, 그것이 항상 나쁜 것만은 아니다. 그리고 비록 그것이 우리의 침해된 권리들을 표출시키는 것이기는 하지만, 우리는 그것을 이용하여 다른 것들을 조절할 수 있다. 분노에 대한 균형 잡힌 시각을 가지고 분노를 오로지 건설적인 목적에 사용할 수 있어야 한다. 건설적인 분노가 일어났을 때, 도리어 그것을 단호한 자기주장이라고 부를 수 있다.

〈단호한 자기주장: 건설적인 분노〉

내가 계속해서 받는 질문이 있다.

"나에게 분노를 내 마음대로 다룰 권리이 있는 건가요?"

나는 이기적인 욕구를 포함할 수도 있는 그 권리라는 단어를 빼버리고 대신 그것에 책임이라는 말을 집어 넣어보라고 답변한다. 이제 다시 질문을 해보라.

"나에게 내가 분노한 것에 대한 책임이 있는 건가요?"

아주 다르게 들리지 않는가?

때때로 사람들이 자신의 감정이나 신념을 무책임하게 방치해 두는 것을 본다. 아마도 그것을 너무 가볍게 여기고 있다거나 아니면 타이밍이 적절하지 못하기 때문일 것이다. 지나치게 자기만 주장하다보면 사람들은 당신을 시건방지다거나 불평분자로 곡해

할 수 있다. 하지만 단호한 자기주장이 도리어 사람으로 하여금 더욱 더 사려깊게 생각해 볼 수 있게 하는 기폭제가 되기도 한다. 그래서 잠재되어 있는 유감을 깨끗하게 공중으로 날려버리는 데 도움이 된다. 그야말로 증진을 촉진하는 협력자인 셈이다.

내가 가지고 있는 여러 가지 통찰들을 다른 사람과 상담을 통하여 나눌 수 있는 것이 나에게 있어서는 즐거운 일이다. 나와 함께 일하기도 했던 에밀리는 이러한 균형을 이해해 보려고 고군분투하던 여성이다.

에밀리는 9살과 14살 난 딸을 두고 있는 44세의 주부이다. 그녀는 종종 딸들의 요구 앞에 자신의 한계를 느꼈다. 그녀의 남편 게리는 아빠로서 훌륭하게 제 역할을 잘해주었지만, 자기 아내의 필요에 대해서는 매우 무관심하였다. 그래서 부부간에 불화가 잦았다.

에밀리가 나에게 말했다.

"나는 이 끝에서 저 끝으로 극단을 달리는 문제를 안고 있어요. 식구들이 내 요구를 제대로 몰라주기 때문에 나는 자주 한에 맺혀 성질을 부리게 돼요. 사소한 일로 말다툼이라고 하게 될 때면 그 일을 붙들고 늘어져서 나도 모르게 고함을 질러대는 통에 저녁 내내 망쳐버리는 일이 한 두 번이 아니에요. 이성을 잃고 설치게 되니 나도 어떻게 해야 될지 모르겠어요."

그녀는 나에게 자기 아버지는 모자만 떨어져도 화를 내는 분이라고 말했다. 그녀는 그런 아버지가 무서웠고 아버지를 화나게 하는 그 어떤 일도 하지 않으려고 다짐했었다. 그녀의 어머니는 정반대셨다. 그녀는 에밀리의 아버지를 잘 받들어 주었고, 매우 조용하셨다. 어머니는 거의 자신의 요구를 입 밖으로 내지 않았고, 에밀리에게 화목을 유지하는 것이 무엇보다 중요하다고 교육하였다. 그 어머니는 남들보다 우울해질 수 있는 구실들이 많았음에도 전혀 내색을 하지 않았다.

"우리 엄마는 당신이 면담해본 그 어떤 여인들보다 굉장히 예의바른 부드러운 분일 꺼예요." 에밀리가 말했다.

첫 번째 면담인데도, 에밀리는 전혀 거리낌도 없이 내가 묻는 물음에 따라 분노의 처리에 관한 자신의 철학을 이야기했다. 결연한 얼굴빛으로 그녀가 대답했다.

"다른 사람이 가진 철학에 따라 내가 움직이지는 않을 겁니다. 그들은 어디까지나 그들일 뿐인걸요."

에밀리는 나에게 그녀의 겪은 노여움 처리에 관련한 몇 가지 사례들을 말해주었다.

"14살 때 였어요. 전화 한 통을 받았는데 통화가 안 끝나는 거에요. 그 애는 사교성이 많은 애였거든요. 우리는 두 번째 통화를 했는데, 글쎄 그 여자애가 여전히 전화통을 길게 붙잡고 늘어지는 거에요. 그게 싫더라고요. 내가 싫은 기색을 내자, 그녀는 그 말을 기분 나쁘게 듣더군요. 그래서 우리 대화는 즉시 험악해졌고 말다툼만 벌어졌죠."

"분노로 불쾌해졌던 또 다른 경험은 뭐가 더 있죠?"

"음, 내 남편은 나보다 더 지독한 완벽주의자랍니다. 그 덕분에 나는 짜임새있는 생활을 할 수 있어 좋답니다. 그러나 내가 집안 청소를 할 때나 일정을 짤 때 사사건건 나를 비난하는 거에요. 나를 정말 미쳐버리게 만들죠. 그와 말다툼을 벌여봤자 아무 소용 없다는 것을 알게 되었죠. 내가 성질을 부려본댔자, 내 속만 부글부글 끓죠. 아직도 내가 어떻게 해야 될지 모르겠어요."

예수님은 결코 그런 식으로 사람들의 요구에 응하지 않으셨다. 그분은 성전의 상인들에게는 거친 말을 하실 필요가 있으셨지만, 제자들에게는 오히려 사마리아인들에게 그들이 화낸 것을 꾸짖으셨다. 우리는 몇 가지 일반적인 지침들에 따라 소극적으로 움직이기 보다는 자기만의 단호한 의지를 가지고 적극적으로 행동하는 법을 배우는 것이 좋다.

첫째, 당신의 평판을 고려하라.

1) 당신의 평판을 고려하라

예수님께서 그토록 강력하게 성전의 상인들에게 말씀하실 수 있었던 한가지 이유는 그분의 평소 평판이 평화주의자, 치료자, 가르치는 자, 섬기는 자이셨기 때문이다. 주님은 평소에도 늘 이런 식으로 소란을 야기하고 다니는 분이 아니셨다. 성전을 정화하시는 장면을 목격한 사람들은 이미 그분의 범상치 않은 경건함을 보았거나 들었다.

당신의 평판은 어떠한가? 당신은 지나친 비평주의자라든지 혹은 사납게 대드는 자나 잔소리꾼으로 알려져 있는가? 또는 감각이 무딘 자 혹은 냉담한 자라고 알려져 있는가?

만일 그렇다면 당신은 공정하다, 온유하다, 사려깊다는 평판을 얻을 필요가 있다. 그러면 잘 들어주는 자, 함부로 비판하지 않는 자, 무례하게 굴지 않는 자라고 알려지게 될 것이다. 그래야만 당신은 신망 높은 인물이 될 수 있는 것이다.

내가 이 문제에 대하여 에밀리에게 말하자 속내를 드러냈다.

"오, 카터 박사님, 내 딸들이 나를 접근하기 쉬운 엄마로 보는 게 아니라 군대식 훈련 교관으로 볼까봐 두려워요." 그녀가 시인 했다. "나름 딸들을 정성을 다해 돌봐 준다면서도 줄곧 성가실 정도로 잔소리를 해대고 그들을 쥐 잡듯 잡느라 시간을 다 버리고 있네요. 나는 걔들이 나를 달리 볼까 겁나요."

"왜 그렇게 되었다고 생각하세요?"

"모든 것을 요약해 보면 결국 시간 때문이네요. 우리는 집에서 각자 너무 바쁘게 살고 있는 거 같아요. 그러다보니 한 가지 일이 터지면 이어서 다른 일이 연속해서 터지는 거구요. 큰 애, 스태시는 금년 초에 치어리더로 뽑혔어요. 그래서 그 애는 언제나 학교 관련 일들로 분주하죠. 미씨는 친구들에게 매우 인기가 높아요. 그래서 그 애들하고 어울려 다니느라 정신이 없죠."

나는 잘 듣고 있다며 끄덕였다.

"그래서 당신은 스스로 자신을 볶아가며 쉽게 흥분되어 아이들을 경멸하듯이 몰아붙여 이것저것 시켜대려 했던 것이군요.

당신이 원한 것도 아닌데, 짜증이 여기저기서 툭툭 튀어 올라왔던 것이고요."

"바로 그거예요. 딸들은 상냥해요. 하지만 엄청 어질러놓고 잘 치우지 않는 편이죠. 나는 애들 뒤를 일일이 쫓아다니며 흩트려 놓은 것을 집어 들고 다른 걸 더 어질러 놓기 전에 이게 뭐냐고 재촉해대며 깨끗이 치우라고 하죠. 그러니 말다툼이 만성이 되어 버린 것이지요."

에밀리는 나의 제안대로 매주 토요일 아침이나 주중 잠들기 전에 별도로 삼사일 정도의 날을 잡아 딸들과 대화해 보기로 하였다. 그녀는 딸들에게 자기가 실제로는 얼마든지 느긋해질 수 있다는 것을 알려주어야만 했다. 그래서 그들은 함께 웃고, 감정을 나누며, 문제를 놓고 논의할 수 있어야 한다.

당신이 극단적으로 말하던 사람들과 유대를 돈독히 하려면 어떻게 해야 하는가? 당신은 칭찬하기를 아까워하지 않는 소양을 더욱 크게 계발하고자 하는가? 당신은 심각한 상황을 해소하기 위해 시간을 낼 수 있는가? 당신은 보다 적극적으로 상대의 말을 들어줄 수 있겠는가?

일단 당신도 남을 배려하는 마음을 가지고 있다는 신망을 얻게 되었다면, 그 다음 단계는 변명하거나 아첨하지 않고 말하는 데 주의를 기울이는 것이다.

2) 변명이나 아첨은 금물

예수님의 상호 대화 방식을 연구하면서 나는 한 가지 특성이 빠져 있다는 점에 주목하였다. 그분은 위압적이지 않으셨다. 어떤 중요한 것을 말씀하실 때, 그분은 결코 탄원조의 목소리를 사용하지 않으셨다. 그분은 한계를 분명히 정해 주셨고, 사람들에게 스스로 자신의 선택을 하도록 하셨다. 젊은 부자 청년이 천국에 들어가는 것에 대하여 질문하였을 때, 예수님의 답변을 들은 뒤 그 청년은 떠나가 버렸다(마태복음 19:16-30 참고). 그런데 예수님이 그를 내쫓으신 것이 아니었다. 그분은 그 청년이 자기 자신의 선택을 하도록 내버려 두셨다.

우리는 너무도 자주 건전한 자기주장의 도를 넘어 과도하게 다른 사람에게 이것은 좋은 생각이라며 억지로 주입시키려는 경향이 있다. 우리는 단순히 우리의 느낌, 어떤 사실, 자신의 선호하는 것을 상대에게 제시하는 것이 아니라 큰 소리나 위압적인 목소리로 그것들을 강요한다. 우리가 이런 방식으로 대화를 하게 되면, 일종의 힘겨루기가 되어 대화 자체가 원활하게 진행되지 않는다.

에밀리는 나에게 자기 남편 게리와 가졌던 논쟁에 대하여 말했다.

"게리가 나의 말에 귀를 기울이지 않아서 몹시 외로워요. 내가 그에게 집안일을 도와달라고 하거나 걱정거리를 말해도 귀를 싹 씻고 안 들어요. 내게 변명하기 일쑤이고 내 요구를 완전히 무시하죠."

"그래서 논쟁을 벌였단 말인가요?"

"그래요. 어젯밤 나는 흐느껴 울면서 목소리를 높였어요. 나는 그 사람이 내가 얼마나 그에게 도움을 받고 싶어 하는지 알았으면 좋겠어요. 애들 뒤치다꺼리하는 데 시간이 얼마나 모자라는지 아냐고 그에게 말하면서 좀 거들어주면 안되냐고 했죠. 하지만 내가 너무 강하게 말했기 때문에 그가 내 말을 안 들어줄까봐 겁이 나요."

천천히 고개를 끄덕이며 내가 대답했다.

"쯧쯧, 분노는 우리를 쉽게 흥분하게 만들어 버리기 때문에 우리는 무슨 일이 벌어지고 있는지도 모르게 된답니다."

그런 다음 내 목을 가리키며 말했다. "우리의 가장 중요한 대화의 도구는 바로 여깁니다. 만일 압도적인 것이 너무 잦으면, 우리는 영향력을 잃게 되죠. 우리의 목소리 톤이 높아지지 않도록 주의하는 것이 중요합니다. 요것으로 확고부동함과 존경을 나타내는 것이죠."

단호하게 이야기 할 때, 우리가 유의해야 할 것이 있는데, 그것은 다른 사람이 내가 하는 말을 꼭 따라야 할 의무는 없는 것이고, 또한 내가 그들에게 원한다고 해서 그들이 꼭 그것대로 변화될 필요도 없다는 점이다. 사람마다 세상을 보는 저마다의 관점이 상당히 다르다. 어떤 사람에게는 완벽한 논리로 여겨지는 것이 다른 사람에게는 익살맞아 보일 수 있다.

단호함이 지나치면 "묻지마식 대화"가 될 수 있다. 단호하다는 것은 뜻을 분명하게 정해준다는 이점이 있지만 자칫 지나치게 되면 다른 사람에게 그것대로 따를 것을 강요하는 결과를 가져온다.

에밀리에게 이러한 개념을 넌지시 말해주자, 그녀가 반기를 들었다.

"그렇지만 그것은 역화를 일으킬 수 있다고요. 만일 내가 게리에게 바가지를 긁어대듯 말하지 아니하면, 그는 내 말에 콧방귀도 안 뀔걸요? 그러면 우리는 어떻게 되는 거죠?"

"그래봤자 당신이 지금보다 더 나빠지는 일은 없을 거라고 생각합니다"라고 나는 대답했다.

화가 난 상태에서 대화할 때 당신이 단호한 말을 하게 되는 몇 가지 일반적인 사례들을 생각해 볼 수 있겠는가? 다음 사례들을 두루 생각해 보라.

- 당신의 배우자는 당신이 좋은 말로 부탁을 했는데도 따르는 것을 까맣게 잊고 있다(이번이 두 번째이다). 당신은 가족을 위해서 함께 일하자는 것인데 그걸 까먹었느냐며 나무라는 쪽을 선택할 수 있다. 또는 당신은 조용하게 하지만 단호하게 그렇게 도와주는 것이 당신에게 얼마나 중요한 것이었는지 주장하는 쪽을 선택할 수 있다. 당신은 어떻게 하겠는가?

- 당신의 아이는 당신이 그토록 여러 차례 아이 방을 함께 청소하자며 얼렀건만, 청소는 고사하고 잔뜩 어질러 놓은 채 더럽혀 놓았다. 당신은 내가 네가 부려먹는 몸종이냐며 덤벼들 수 있다. 또는 당신은 온화하게 그리고 간결하게 방을 불결하게 방치해 두면 어떤 결과가 벌어질지 설명해 줄 수 있다.

- 당신의 고용주가 이치에도 맞지 않게 과중한 업무를 요구한다. 당신은 고용주에게 자신의 입장을 항변할 수 있다. 또는 당신은 고용주에게 당신이 하루에 완수할 수 있는 업무량을 알려주고, 고용주로 하여금 그 나머지에 대하여 무엇을 해야 할지 결정하도록 할 수 있다. 당신은 그렇게 담차게 할 수 있겠는가?

당신이 할 일은 가능한 한 정정당당히 진실을 말하는 데 있다. 그러면 그 어떤 위압적인 말도 할 필요가 없어진다.

만일 우리가 자신의 한계를 알아차리게 된다면 더욱 쉽게 변명이나 아첨을 피할 수 있다.

3) 당신의 한계를 알아보라

대개 사람들은 자기들의 명확한 한계들은 문제없이 받아들인다. 나는 나의 변변치 않은 운동 소질을 인정하는 데 전혀 주저함이 없다. 나는 죽었다 깨어나도 역대 슈퍼볼의 MVP인 로저 스타바흐가 될 수 없다. 나의 음악적 재능 역시 형편없다. 나는 결코 파바로티가 될 수 없다.

그렇지만 나는 어떤 다른 한계들은 인정하기 싫다. 나는 완벽하게 평정심을 유지하는 것이 힘들다. 나에게는 내 아내의 마음을 바꿀만한 능력이 없고, 내 아이들에게 제대로 된 통솔력을 보여주는 것에 한계를 느낀다. 나는 이런 것들이 진실이라는 것을 안다. 하지만 솔직히 말해서 그것들을 받아들인다는 것은 내 자신이 통제력이 부족하다는 것을 인정하는 것이기 때문에 싫다.

내가 볼 때 다른 사람이 지금 비논리적으로 생각하고 있는 것이 분명하다할지라도, 내 생각을 그대로 그가 따르라고 강요할 수는 없는 것이다. (적어도 내 논리에 따르면 그러하다.) 하지만 말은 그렇게 해도 싫은 건 싫은 거다. 나에게 한계가 있는 것은 분명하지만 그것을 인정하는 것이 나는 죽기보다 싫기 때문에 나의 한계를 무시하게 된다.

이런 견지에서 에밀리도 자신의 한계를 받아들이기가 힘들었다. 그녀는 어떻게 해서든 게리가 자기를 도와주게 해보고 싶었지만 할 수 없었던 자신의 한계를 인정하고 싶지 않았다.

"에밀리씨, 당신이 한 말이 하나도 틀린 게 없기 때문에 그것으로 게리를 바로잡을 수 있을 것이라고 믿고 싶을 거예요."

그것이 바로 실상을 부인하고 있는 것이다.

"나도 이해합니다. 당신이 아무리 애써 봐도 뭔가를 옳게 바로잡을 수 없다는 것을 인정한다는 게 쉽지 않다는 것을요"

나는 곰곰이 생각해 보았다.

"그렇지만 어떤 것에 대해서도 긍정적으로 보시자구요. 일단 당신이 자신의 한계들을 인정한다면, 분개함이나 내적인 흥분에서 상당히 홀가분해질 수 있답니다. 당신은 그 방법을 포기해 버리면 되는 거니까요. 그래서 스스로 바둥거리며 틀린 것을 바로

잡으려고 애쓰지 말고 성령님께 그 역할을 대신해 달라고 맡기는 거지요. 당신의 한계들을 알아차리게 되면 그 결과 더욱 간절하게 문제해결의 열쇠를 쥐고 계신 하나님을 의지하게 되지요."

"그럼 결국은 내가 하나님을 전적으로 하나님답게 믿느냐 못 믿느냐가 문제라 이거군요." 그녀가 말했다. "인정하긴 뭐하지만, 내가 분노를 느낄 때 그 때가 바로 나는 하나님이 함께하시길 원한다고 절규하는 순간인거로군요."

"당신만 그런 게 아니죠." 나는 그녀를 안심시켰다. "모든 사람은 자기가 가진 한계에 대하여 다 똑같은 욕구를 가지고 갈등을 한답니다. 우리의 죄 된 본성은 자기의 한계를 자기가 쥐락펴락하며 통제할 수 있을 거라는 부절적한 열망을 가지게 만들지요. 하지만 결국은 그런 통제의 열망이 착각이었다는 것을 인정하게 되죠. 그 과정에서 스스로 허우적거리는 거랍니다. 우리가 천국에 들어갈 때까지는 언제나 이런 일들이 계속될 거구요."

우리의 한계를 알아차리는 것 위에 더해야할 다른 또 하나의 방법은 고압적인 자세를 자제하고 자기주장을 분명히 하기 위해서 선동을 야기할 수 있는 질문을 피하는 것이다.

4) 선동을 야기할 수 있는 질문을 피하라

화를 내고 나면 자포자기 하고 싶은 기분이 밀려든다. 공정한 경기 규칙 따위는 무시하고 오로지 그 화를 이용하여 우위를 차지하고 싶어지게 마련이다. 한 가지 빠지기 쉬운 일반적인 함정은 정보를 얻기 위해서가 아니라 뭔가 다른 것을 목적하고 질문 공세를 펼치고자 한다는 것이다.

당신이 딸에게 이런 말을 한다고 가정해 보자.

"네 방이 지저분하니 청소를 좀 하거라."

이것은 정당한 요구이다. 그렇다고 딸아이가 곧바로 청소를 할 것 같은가? 그런데 딸아이가 빈둥거리기로 결심을 했다고 가정해 보자. 그럴 때 이렇게 선동을 야기하는 질문을 던질 수 있다.

"딱 15분전에 내가 너에게 무엇을 해야 한다고 말했지?"

당신이 아내에게 주말에 당신과 일정을 같이하자고 말했다고 가정해 보자. 그랬는데 며칠 후 당일이 되어서야 당신은 아내가 다른 일들을 보느라 여념이 없다는 것을 알아차리게 되었다. 그럴 때 또 다른 선동을 야기하는 질문을 할 수 있다.

"전화 한 통화만 내게 해 주었어도 되었잖소? 일정에 차질이 빚어졌는데 이걸 어쩔 거요?"

이런 질문들은 상대를 보다 잘 이해하려고 배려하려는 것도 아니고 무슨 통찰을 얻으려는 것도 아니다. 그것들은 순전히 잘못을 탓하는 것이고… 결국 싸우자고 덤비는 것이다. 말하지는 않겠지만 숨겨진 메시지는 이것이다.

'너는 머리가 정말 나쁘군, 너는 멍청이야!'

생산적이지 못한 질문들은 상대의 자존심을 상하게 한다.

에밀리는 자신의 성향을 상기하며 이러한 질문을 하였다. 그녀의 말이다.

"그럼 내가 달리 어떻게 말을 해야 하나요? 내 딸들이 자기들 방을 청소하지 않고 있으면, 나는 결국은 걔들 편한 데로 해주고 말거든요."

"질문을 하지 말고, 설명을 해주어야 합니다. 분명하게 당신의 바람을 제시해야죠. 예를 들어, 당신은 이렇게 말하는 겁니다. '15분 전에 내가 너희에게 각자의 방을 청소하라고 요청했는데 말이다. 그 요구는 아직도 계속되고 있단다. 만일 청소가 되어있지 않으면, 너희가 자진해서 그로 인해 어떤 일이 벌어져도 좋은지 설명해 주어야 할 거다. 그로 인해 벌어지는 결과는 모두 너희들 책임이다."

"간단 명료, 그런 다음 실행!" 내가 제시했다. "가장 많은 경우에 있어서, 당신이 말을 많이 하면 할수록, 상대는 당신의 말을 더욱 더 귀담아들으려 하지 않는답니다."

나는 지금 당신에게 질문을 하지 말라고 말하고 있지 않다. 좋은 질문은 다음과 같은 면에서 도움이 된다.

- 더욱 많이 이해하게 된다("과학시간이 따분한 이유를 나에게 말해 줄 수 있니?")
- 더욱 많은 통찰을 가지게 되거나 자기를 깊이 성찰하게 된다 ("네 형 이야기만 꺼내면 너는 왜 과민 반응을 보이는 거니?").

좋은 대화는 우리가 믿고 있는 것과 느끼고 있는 것을 터놓고 공유할 수 있게 해 준다.

결국, 메시지의 중요성이 결정돼야 위압적인 자세를 가지는 대신 단호하게 자기주장을 할 수 있는 것이다.

5) 메시지의 중요성을 결정하라

당신은 별것도 아닌 일을 가지고 문제를 크게 삼았던 적이 있는가? 내가 기억하기로 나는…너무 많았다. 잠깐 방심하다 보면 그렇게 되기 쉽다. 나는 이것을 "밴댕이 속알딱지 증후군"이라고 부른다. 우리는 사소한 일에 목숨 거는 일을 잘 한다. 그 사소한 일들이 그 보다 더 큰 그림 속에 들어있는 작은 부분들이라는 생각을 가지지 못한다.

에밀리는 이런 잘못을 인정했다.

"사소한 문제들 때문에 골머리를 앓았던 일들은 너무도 많아요. 내 아이들이 바닥에 옷들을 홀렁홀렁 벗어 던져 놓는 것이나 남편이 일이 분 늦게 귀가하는 것 때문에 나는 괴로워했어요. 길게 놓고 보면 그런 것들은 중요한 것들이 아닌데 말이죠. 하지만 난 잘 모르겠어요. 어떻게 해야 그런 사소한 것들로 인해서 괴로워하지 않을 수 있는 것인지 말입니다. 제대로 균형을 잡으려면 내가 어떻게 하면 되나요?"

"사소한 문제들을 처리할 때는 말이죠. 일반적으로 경험하는 바에 의하면 일단은 당신이 원하는 데로 주장해 보는 거예요. 위압적인 태도로 하지 말고요. 그런 다음 아니다 싶으면 그것을 기꺼이 던져 버리는 거지요. 그런데 무조건 다 버리면 안 됩니다. 도덕적이고 윤리적인 문제에 있어서는 정말이지 단호해야 합니다. 예를 들어서, 아이들에게 방을 청결하게 하는 것을 가르치는 것은 좋은 것이죠. 그런 것은 기꺼이 공개적으로 말해줘야 하는 겁니다. 그러나 동시에 아이들은 대부분 신중하지 못하다는 것을 당신이 인정해야 합니다. 만일 당신의 아이들이 뭐가 틀렸는지 당신의 지시에 반항을 한다고 칩시다. 그것은 당신의 부모로서의 권위에 정면으로 도전하는 겁니다. 도덕적인 문제가 발생한 것이지요. 그때는 당신이 반드시 강력하게 당신의 주장을 앞세워야 합니다. 그들이 순종하지 않는 데에 따르는 결과를 강조하면서 말이죠."

당신이 자기주장을 제대로 단호하게 잘 했다는 기분이 들었더라도 여전히 아무런 결과도 얻지 못한 채로 있을 수 있다. 또 다른 경우에 더 시급하게 우선해서 처리할 일이 생겼다거나, 아니면 상황이 더 악화되어서 당신의 요구나 뜻에 사람들이 동조해 주지 않을 수 있다. 이럴 때, 당신은 어떻게 하는가?

어떤 이는 뜻이 관철되지 않는 꼴을 못 본다. 그들의 생각이다. '나는 여기서 조금도 물러설 수 없다. 만일 계속 몰아붙이면 내가 바라는 성공을 거둘 수 있을 것이다.'

그들은 자기들의 견해를 계속해서 몰고 또 몰고 또 몰아붙인다. 이에 반해 어떤 이들은 공개적으로 몰아붙이려는 것을 멈추고, 그 대신 방식을 바꾸어 소망으로 가득한 생각을 가지는 일에 몰두한다. 그들은 '어째서 내가 말하고 있는 것을 그가 이해하지 못하는 것일까?'라며 질문을 던진다. '정말이지 그가 언젠가는 판단력을 가지게 되어 제대로 적응할 수 있을 것이다.' 이런 사람들은 마치 유토피아가 실제에는 없는 세상이지만 그것을 꿈꾸는 사람처럼 꿈을 갖고 꿀꿀한 기분과 쓰디 쓴 괴로움에 맞서 단호히 싸우려는 결연한 자세를 가진다.

그것에 정면으로 맞서라. 어떤 사람은 아무리 뜯어봐도 변화될 조짐이 눈곱만큼도 안 보일 수 있다. 혹 우리가 무슨 생각에서 그렇게 하라고 하는 건지 그 이유를 상대가 이해하지 못할 수도 있다. 결과에 있어서, 그중 어떤 사람은 영구히 발에 박힌 가시노릇을 하게 될 수도 있다.

분노를 다스리는 문제는 흑백논리의 문제가 아니다. 때에 따라서 우리는 관계를 좋게 하기 위해서 언제 그리고 어떻게 말해야 할지 알고 있어야 한다. 어떤 때에는 하나님의 손에 그것을 다 내어드리고 손을 털어야 한다는 것도 알아야 한다. 우리 모두는 균형을 잡기 위하여 방법을 찾아보고 시행착오를 겪으면서 평생을 지내야하는 것이다.

읽을 말씀: 마가복음 11:15-18 / 누가복음 18:18-25 / 누가복음 19:45-48

1. 성전에서 그 날 예수님이 크게 분노하셨던 것 외에 그분이 화난 상태에서 대화하시는 모습을 거의 찾아볼 수 없다. 왜 그분은 그 때 그토록 강하게 말씀하셔야 한다고 생각하셨을까?

2. 자기주장을 단호하게 하는 것에 관한 아래 사례들을 읽고 어떤 것이 당신에게 보다 더 자연스러운지 그리고 어떤 것이 가장 어려운지 살펴보라.

- 당신은 자신이 확신하고 있는 것들을 확고하게 유지할 수 있다.
- 당신이 (자녀들, 동료, 친구들과 함께) 한계를 정했을 때, 당신은 당신의 주장을 과도하게 고집하지 않고도 그것을 행할 수 있다.
- 당신은 다른 사람들이 당신의 필요에 구체적으로 부응하는 법을 알려 줄 수 있다.
- 당신은 자신의 책임량을 이미 초과했을 때, 아니라고 잘라서 단호하게 말할 수 있다.
- 심란한 일이 벌어져 어쩌면 하루를 망쳐버릴 수 있을 때, 당신은 그래도 그 외에 남아있는 일들을 정리할 필요를 느끼면서 세운 계획대로 밀고 나갈 수 있다.
- 당신은 일단 자신이 선호하는 것을 표현하고 나면, 이랬다저랬다 하지 않고 그것을 이행할 수 있다.

3. 만일 당신이 단호하게 자신의 주장을 펼칠 수 있다면 당신 삶의 어떤 부분이 더욱 개선될 것 같은가?

4. 그 부자 청년은 예수님과 대화(마태복음 19:16-30 참조)하는 동안 명백히 감정의 급격한 변화(열심에서 슬픔으로)를 경험하였다. 예수님은 그에 대하여 어떤 감정을 가지셨다고 당신은 예상하는가?

5. 예수님이 그 청년에게 그가 결정한 것을 재고해 보라고 간청하지 않은 것을 보고 주변인들이 관심의 부족이라고 해석했을 수 있다. 무관심한 것과 위압적이지 않으면서도 자기주장을 당당히 펼치는 자세는 어떻게 다른가?

6. 강한 확신을 가진 사람은 종종 자기의 생각을 말하면서 상대를 설득하게 된다. 그 같은 설득이 건전하지 못할 때가 있는데, 그 때를 당신은 어떻게 분별하는가?

7. 당신은 나름대로 위압적인 자세를 가지지 않고 단호하게 자기주장을 펼쳤다고 여기고 있지만, 정작 다른 사람들(배우자, 자녀들, 친구들)은 별로 진지하게 받아들이지 않을 수도 있다. 불건전한 대화법을 동원하지 않고서 어떻게 이런 일이 일어나는 것을 방지할 수 있는가?

7 그리스도의 존경심

세리 삭개오 이야기

● 누가복음 19:1-10

처음으로 죠를 만나기 위하여 대기실에 발을 들여놓았을 때, 그는 거기에 있기 껄끄러워하는 눈치가 역력했다. 나와 눈을 맞추려하지 않았고, 내가 내민 손을 마지못해 잡고 흔들었다. 그리고는 내 사무실로 어슬렁거리며 걸어갔다. 가장 가까이에 있는 의자에 철푸덕하고 주저앉더니 한손으로 턱을 괴고 몸을 앞으로 구부정하게 숙였다. 30대 후반의 홀쭉한 체형을 가진 그는 블루 셔츠에 세로줄 무늬의 넥타이를 느슨하게 매어 멋을 한껏 부렸다. 하지만 그의 태도는 거만을 떨며 이렇게 말하는 것 같았다.

'어이 촌뜨기, 날 그냥 혼자 내버려 두지.'

죠가 나에게 온 것은 가정법원의 결정에 따른 것이었다. 그는 자기의 열세 살 난 의붓딸을 성추행 한 범죄 사실과 다른 또 하나의 소녀에게 똑 같은 범행을 저지른 혐의를 받고 수감된 상태였다. 싫든 좋든 그는 6개월간 치료감호를 받는 동안 매주 나를 봐야만 했다.

그렇게 우리는 마주 앉았다.

나는 그가 저지른 비행에 대해 상세히 물어보았다. 그는 나에게 수차례에 걸쳐 소녀를 겁탈했던 것과 그녀에게 위해를 가할 때 그녀의 엄마를 출입하지 못하게 하려 했다는 등 마치 일기 예보를 하듯이 매우 덤덤하게 읊어댔다. 전혀 감정의 동요나 양심의 가책이 없는 것을 보면서 나는 충격을 받았다. 그는 자기가 저지른 일에 대한 참회보다 자기가 체포된 것에 더 속상해하는 것처럼 보였다.

나는 속에서 분노가 들끓고 있었다. 내 딸 카라와 같은 연령의 아이에게 그가 한 행위가 어떤 영향을 미쳤을지 생각했다. 어른이 되었어도 어린 시절 받았던 성적 학대로 여러 해 동안 극심한 혼란에 빠져 괴로워하다가 마침내는 나를 찾아와 극약처방의 상담을 받아야만 했던 수많은 여성들을 생각했다. 이제 그 같은 고통의 원인을 제공하던 한 남자가 여기 나와 함께 앉아서 자기가 행한 금수만도 못한 파괴적인 행동들을 제멋대로 지껄여대고 있는 것이다.

그를 돕기 위해서는 그와 동화되어 그를 존중해 줘야 하는 것이 필수이겠지만 그렇게 한다는 것이 도저히 불가능해 보였다. 예수님께서 여리고 도성에서 세리 삭개오를 보셨을 때도 똑같은 감정을 가졌을 것이라고 나는 확신한다.

여리고의 키 작은 세리

예수님 당시 세리라는 직은 오늘날처럼 무슨 법규나 조례에 따라 규정된 것이 아니었다. 과세제도는 제멋대로여서 사기와 남용의 온상이었다. 유대인들도 여러 가지 세금을 내야만 했다. 과격 독립운동에 참여하고 있던 유대인들은 로마 관원들을 위협적인 침략자들로 단정하고 혐오의 대상으로 여겼다. 그런 로마 관원들이 조직적으로 우선세인 개인세와 재산세를 거두어 들였다. 세월이 오래되자 그 유대인들조차 도로를 닦고 수로를 건설하는 것 외에는 별다른 이유가 없어 그들에게 토를 달지 않았다.

유대인들은 또한 별도의 세금을 내야 했는데 이는 공공의 심각한 반발심을 가지게 하는 소위 상업거래세였다. 여행객들은 도시를 출입할 때 상품들에 대한 관세를 내야함은 물론이고, 개인들도 물건을 사고 팔 때 도처에 마련된 납세 장소에서 세금을 내야 했다. 팔레스타인 지역은 로마로부터 아주 멀리 떨어진 장소여서, 세금 수납의 업무는 적정 수준의 세금을 거두어 들일 수 있다고 판단되는 지역민들에게 위임되었다. 로마가 납득할 수 있는 정도만 상납하고 나면 나머지는 그들의 몫으로 돌아갔다. 이로 인하여 돈에 굶주린 세금 징수원들에게는 힘없는 백성들을 맘 놓고 착취할 수 있는 거의 무한대의 기회가 주어졌다.

당신도 상상해 볼 수 있듯이, 유대인이라면서 세리라는 직업을 가진다는 것은 엄청난 돈을 벌어보겠다는 속이 뻔히 들여다보이는 탐욕에서 밖에는 달리 그 동기를 찾아 볼 수 없다. 그들은 자기 동네사람들을 금전적으로 어려운 처지에 몰아넣는다는 이유로 사람들이 가리키는 경멸의 손가락질 앞에서 철저히 냉혈한이 되어야만 했다. 예측컨대, 유대인들은 이들 세리를 반역자로 멸시했고, 상당히 많은 공동체의 활동에서 그들을 배척하였다. 그렇지만 그 직업에서 오는 악명 높은 평판에도 불구하고 돈에 대한 그들의 열망과 그 금력은 대단히 커서 그들은 날로 번창했다. 종종 그들은 대중들의 조롱에 맞서 그에 걸맞은 정도의 원한으로 응수하기도 했다.

삭개오는 세금 징수원일 뿐만 아니라 여리고의 세리장이었다. 만일 당신이 세금 징수원이 된다라고 한다면, 예루살렘에서 동쪽으로 약 20여 킬로미터 떨어진 곳에 위치한 여리고, 바로 그곳에서 틀림없이 일하고 싶어 했을 것이다. 땅이 비옥하고 상록이 우거진 가로수가 즐비하고 상업의 요충지로서 도로가 사통팔달로 나있어서 예루살렘을 출입하는 자들이 모두 이리로 지나다녔다. 연중 내내 상단들로 장사진을 이루었으니 세금 장사에 이만한 곳이 또 어디에 있을까 싶을 정도였다. 또한 경건한 순례자들을 태운 달구지들이 여리고를 통과하여 거룩한 도성을 향해 주기적으로 오고 갔다.

그런 인정머리 없는 직업에서 최고의 자리에 올랐다는 것은 삭개오라는 사람은 한 두 단계의 승진만 보장되어도 물불 안 가리고 혹 그것이 자기 엄마라 할지라도 개의치 않고 밀쳐 버릴 수 있는 자란 것을 말해준다. 비록 그것이 필시 회당에서 출교당하고 자기 가족과 의절하는 것을 의미하는 것이라 할지라도 그는 실로 믿을 수 없을 정도의 엄청난 개인 재산을 축적해 두었다.

예수님은 예루살렘으로의 마지막 여행길에 올라 삭개오의 고향 도성을 지나고 계셨다. 누가복음 19장은 우리에게 그곳에 군중들이 어마어마했다고 전한다. 그중 일부는 예루살렘으로 향하는 순례자들이었고, 또한 다른 일부는 그 기적의 사역자가 가까이에 지나신다는 소문을 듣고 몰려들었다. 사람들은 자신들의 행보를 멈추고 나사렛에서 오신 그 유명 인사를 볼 수 있는 기회를 놓치지 않으려 했다.

삭개오는 그 믿겨지지 않는 병고침의 이야기를 소문으로 들었다. 그래서 그도 남들처럼 너무도 간절히 예수님이 보고 싶었다. 그러나 예수님의 일행이 임의로 여리고를 지나고 있는 것이기 때문에, 삭개오는 그 많은 돈으로도 전망 좋은 장소를 구할 수 없었다. 그는 다른 무리들 틈에 끼어 이리 치이고 저리 치이며 예수님을 보고자 했다. 급거 키가 작은 삭개오는 아이처럼 나무 위로 엉금엉금 기어올라 나뭇가지들 사이에 걸터앉았다.

예수님이 이런 사람을 선정하여 대화하실 줄은 아무도 몰랐다. 그분은 삭개오의 악명 높은 명성을 익히 들어 알고 계셨거나 아니면 그분의 제자 마태를 통해 예전에 그를 만나보셨을 수도 있다. 아니면 우연한 만남일 수도 있다. 우리가 확실히 알고 있는 한 가지는 예수님께서 삭개오에게서 위장된 자만을 보셨다는 것과 삭개오에게 일말이나마 무엇인가를 보이셨다는 것이다. 바로 '존중' 말이다.

예수님이 그 짜리몽땅한 사람이 걸치고 앉아있는 나무 밑에 멈추시자 여느 때와 마찬가지로 그분께 무리들이 밀려들었다. 사람들 앞에서 그 세리는 그 즉시 자신의 신분이 탄로나자 당혹감을 감추지 못했다. 그는 자기 치부를 결코 남들 앞에 드러냈던 적이 없던 자이다. 그런데 그는 나무꼭대기에 걸치고 앉아 마치 시가행진을 구경하러 나온 초등학교 아동같이 하고 있었다. 그럼에도 불구하고 그는 이 선지자에 대해서 궁금한 것이 한두 가지가 아니었고, 어째서 그분이 멈춰서 자기에게 말을 거시는지 궁금해서 미칠 지경이었다.

예수님은 삭개오를 짧게 부르셨다. 그리고 그분이 말씀하셨다.
"삭개오야, 이제 그만 나무에서 내려오너라. 그리고 나에게 네 사는 곳을 보여주겠니? 너와 함께 점심을 먹어야겠다."
군중들의 탄식 소리가 들리는 듯하지 않는가!
"아, 예수님이시여. 그렇게 하시면 안 됩니다. 그 놈은 얼간이입니다!"
그러나 예수님은 군중들과 제자들의 감상 따위에는 아랑곳하지 않으시고 갈급해하는 삭개오를 따라 그의 집으로 가셨다. 예수님이 그와 나누신 대화를 상상하며 나는 황홀지경에 빠졌다. 삭개오도 필시 우리 대부분이 집에 처음 오는 손님에게 하듯이 그렇게 했을 것이다. 그는 예수님에게 자기 집에서 제일 값나가는 것을 보여드렸을 것이다. 아마도 이집트에서 온 진귀한 조각품들이나 아니면 그가 페르시아에 업무차 갔다가 구해온 그림들을 보여 드렸을 것이다. 그들은 경제나 혹 로마의 지배 아래서 식민지 백성으로 사는 것의 어려움을 이야기했을 것이다. 아마도 그는 예수님에게 자기의 성장 과정과 어떻게 자기가 정부의 관료가 되었는지 말씀드렸을 것이다.

모든 점에서, 예수님은 그가 하는 말을 다 들어 주셨을 것이다. 그분은 이 사람이 배고파하는 것은 돈보다 더한 가치가 있는 그 무엇이란 것을 간파하셨다. 그래서 그분은 삭개오에게 하나님의 임재의 필요성을 말씀하셨다.

"삭개오야, 나는 너와 너의 행복에 관심이 있단다. 네가 어떻게 해야 진정한 기쁨을 가질 수 있는지 너와 나누고 싶구나."

그 방문은 아마도 여러 시간 계속되었을 것이다. 분명히 삭개오는 제자들에게 먹을 것을 제공하여 주었을 것이고 그들은 서둘러 그곳을 떠나지 않았을 것이다.

'이 분은 정말로 나에게 관심을 가져주시는 분이시구나'

삭개오는 이렇게 생각했음에 틀림없다.

'그분은 나의 재물에는 관심이 없으시고, 실제로 좋아하시는 것은 바로 나라는 것이 틀림없군!'

예수님은 존경받고 싶어하는 열망이 삭개오의 라이프스타일에 온통 배어 있다는 것을 아셨다. 그의 가치를 인정해 주는 존중, 이것은 삭개오가 지금까지 한 번도 받아본 적이 없는 것이었다.

당신은 존중이라는 선물을 누군가에게 줄 수 있는 소양을 얼마만큼 가지고 있는가? 만일 당신도 나와 같은 분이라면, 마땅히 존경받아야 할 사람에게 존경을 표하는 일이 어렵지 않을 것이다. 그러나 훌륭한 구석이라고는 한 군데도 없는 사람들에 대해서는 어떻게 하시려는가? 여전히 그들에게도 존경을 표할 수 있겠는가?

나는 죠가 자기 의붓딸과 또 다른 어린 소녀를 학대한 것을 마음으로 즐거워하며 지껄여대는 소리를 들을 때 그에 대한 존경심을 티끌만큼도 가질 수 없었다. 존경심은 고사하고 나는 방을 가로질러 다가가서 그의 멱살을 움켜쥐고 이렇게 외치고 싶었다.

"정신 차려, 이 친구야! 단 한순간만이라도 네가 그 소녀들에게 얼마나 큰 상처를 입혔는지 생각해 보란 말이야!"

그 때 나에게 생각하나가 떠올랐다.

'난 이 사람과는 갈 때까지 다 갔다. 만일 내가 이 사람을 포기

해 버린다면, 다른 사람과 내가 다른 게 뭐가 있지?'

그리고 그 순간 나는 한숨어린 기도를 올렸다.

"주님, 내 자신을 드려 이 사람을 존중하도록 하겠습니다. 이것은 전적으로 나에게는 부자연스러운 행동입니다. 주님의 은혜를 그의 인생에 나타내 보여 주옵소서!"

첫 면담이 끝나고 나는 말했다.

"죠, 우리 6개월간 함께 해야 합니다. 우리 잘해 봅시다."

나는 그에게 자신에게서 바꾸고 싶은 것들의 목록을 작성해 보라고 요청하였다.

"당신이 그것들을 분류하는 것을 내가 도울 수 있습니다. 그런데 우리가 함께 하는 시간에 대한 책임은 전적으로 당신이 져야 합니다."

몇 주가 지나가며, 나의 도전에 대해 나타나는 죠의 반응에 나는 자못 놀랐다. 그는 자신의 불안, 고독과 곤궁으로 인한 불신감, 분노를 공유하기 시작했다. 그가 어린 시절을 매우 어렵게 지냈다는 것은 전혀 놀랄만한 사실이 아니었다. 오랜 세월 동안 그의 부모는 그를 줄곧 방치해 두었다. 그는 충분한 사랑을 받지 못해 애정 결핍이 심하였다. 그의 친구들은 그의 십대 때 그를 왕따시켰다. 그의 결혼 생활은 비참함의 연속이었고 결국 이혼을 했다. 재혼을 했지만 불행하기는 매한가지였다.

상담을 하면서 내가 발견한 가장 공통된 문제들 가운데 하나는 분노였다. 특별히 타인이 존중의 결핍을 보일 때 나타나는 분노였다. 대부분의 사람들은 무례를 느꼈을 때 한 가지 비슷한 반응을 보인다. 그 경우, 누구 한 사람이라도 먼저 나서서 관계의 중심 속에 존경을 집어넣어 주면 될 텐데 그렇게 하지 않음으로써 결국 관계가 악화된다.

우리는 심지어 그렇게 하는 것이 쉽지 않은 때에라도, 어떻게 타인에게 존경을 표하는 습관을 계발시킬 수 있는가?

예수님의 존경심을 타인에게 보여주기

예수님도 때로 사람들이 그분을 조소하거나 무시하며 사소한 문제를 들고 논쟁하려들 때 분노하시거나 실망하셨다. 그런데 주님은 그러한 감정적 반응을 하시는 순간에도 한결같이 인간 개개인이 가지고 있는 가치를 외면치 않으셨다. 그분의 과업은 우리의 가치를 끄집어내서 그것을 우리 각 개인에게 보여 주심으로써 우리가 자신의 가치를 분명히 알 수 있게 하시는 것이었다.

당신의 삶에서 존중받아야 할 사람은 누구인가? 만일 당신이 결혼하였다면, 당신의 배우자는 당신이 상대의 존엄성을 존중해 주고 있다는 것을 느낄 수 있어야만 한다. 당신의 자녀들 또한 당신의 목소리에서 당신이 그들의 견해, 감정, 행동에 대하여 관심을 가지고 있다는 것을 들을 수 있어야 한다. 이것은 당신이 아이들을 훈계할 때 특히 더욱 필요하다.

만일 당신이 독신 성인이라면, 당신은 결코 개인의 욕심을 채우려고 상대의 성을 미끼삼아 몸을 꾸부리지 말고, 타인의 존엄성을 높여줌으로써 다른 독신자들을 감동시킬 수 있다. 당신의 업무 현장에서 당신은 공정한 마음을 가진 사람, 직분의 고하를 막론하고 동료들에게 언제라도 친절하게 말하는 사람이라는 평판을 얻을 수 있다.

통속적인 의견과는 대조적으로, 존경심은 먼저 받아야만 되는 것이 아니다. 존경은 받는 것이 아니라 하는 것이다. 다른 사람에게 내재되어 있는 하나님이 정하신 신성한 가치를 알아차리고 그것에 나의 마음을 담아 표현하는 것이 바로 존경이다.

존경심을 구성하고 있는 몇 가지 핵심 성분들에 대하여 살펴보도록 하자.

생색을 내지 않는 견실함

타인의 존엄성을 존중해 준다고 했을 때 우리에게 무엇보다 필요한 것은 건전하고 책임성 있는 언어일 것이다. 예를 들어, 예수님이라고 해서 서슴지 않고 백성들의 고혈을 짜내는 세리를 기뻐하셨을 리 있겠는가? 그분이 삭개오의 집에 들어가셨을 때, 마치 귀족이라도 된 냥 예수님께서 그와 껄껄거리며 수다라도 떠셨을까? 그러지 않았다면 그분은 정의라는 문제를 거론하셨을까? 물론이다.

그 집에 머무시는 동안, 삭개오는 중요한 결심을 했다. 그는 정의로운 일을 실천하여 자기가 속였던 백성들에게 재물을 되돌려 주기로 결단했다. 주님이 그에게 아무것도 강요하지 않으셨음에도 불구하고, 그는 자기가 동네 사람들에게 부적절하게 받아낸 돈의 4배를 변상하겠다고 작정했다. 더 나아가 그는 자기 소유의 50퍼센트를 가난한 사람들에게 나누어 주기로 하였다. 그는 결코 과거의 그가 아니었다.

삭개오와의 관계에 있어서 예수님은 그를 존중해 주시면서 동시에 주님이 가지신 강한 확신을 표현하셨을 것이다. 우리는 이런 일에 대한 많은 사례를 인용할 수 있다.

한 남편이 아내에게 재정 문제에 대하여 말할 때, 그는 설교 투의 목소리로 말하지 않기로 하였다. 대신 그는 목소리를 높이지 않았고 자기의 논쟁을 멈출 때는 알고 있다.

한 엄마가 딸이 뒤에서 남의 말 하는 버릇을 고쳐주려고 할 때, 그녀는 눈에 심지를 켜지 않고 그렇게 한다. 그녀는 딸에게 자기의 행동의 결과를 깨닫게 하고 생각해 볼 수 있는 시간을 준다.

독신 남성이 친구들에게 오래 사귀었던 여자 친구와 깨어진 이야기를 하면서, 그는 그녀에 대하여 비난하는 말은 역효과가 난다는 것을 알고 있다. 그는 자신의 감정을 무례한 쪽으로 몰고 가지 않는다.

비록 우리가 자신의 견해나 신념이 타인의 것보다 훨씬 낫다는 것을 진심으로 믿고 있다 해도, 우리는 다른 사람보다 더 나을 것도 그렇다고 더 못할 것도 없는 자라는 확신을 여전히 유지할 수 있어야 한다.

한번은 죠가 나와 논의하면서 평소 자주 겪고 있는 어려움에 대하여 실토했다.

"때때로 나는 당당해져야겠다고 굳게 마음먹곤 합니다. 다른 사람이 나를 무시하거나 기를 죽일 때 말이죠. 하지만 이내 속에서 감정이 북받쳐 올라오는 겁니다. 그러면 더러운 취급을 받았다는 기분으로 속이 부글부글 끓죠. 잠시 후 펑하고 폭발하는 겁니다. 날 좀 존경해 달라는 요구도 해봤어요. 그러나 내가 말할 때 보면 말이죠. 입에서 똥물이 튀어나오는 것 같아요. 결국 원하는 것은 아무것도 못 얻고 말죠."

"죠, 나는 당신이 마음에 품고 있는 것을 제대로 표현하는 방법을 좀 배워야 된다고 생각해요. 그렇게 되면 감정이 시키는 대로 말하지 않게 될 겁니다. 또한 말할 때 말투를 낮추어 제대로 말할 수 있을 거구요."

"내가 훈련만 하면 그렇게 될 수 있다니 거 참 좋네요."

그의 얼굴에 안도의 빛이 보였다.

"열쇠는 당신은 하나님이 주신 가치를 가진 사람이란 것을 기억하는 거랍니다. 무슨 가치냐 하면요. 다른 사람들도 하나님이 주신 가치를 가지고 있거든요. 그 사람들에게 가치 있게 말할 수 있게 하는 그런 가치랍니다."

나는 이런 개념이 그에게는 매우 낯선 것이라는 것을 안다. 하지만 나는 또한 그가 얼마든지 변화될 수 있다는 것도 안다.

당신의 대화하는 방식을 분석해 보라. 당신은 귀에 거슬리는 목소리로 세게 말하는 편인가 아니면 차분한 논조로 말하는 편인가? 당신은 상대의 말을 끝까지 다 듣고 말하는 편인가? 기억하라, 사람들은 당신의 여러 마디의 말 보다는 당신의 훌륭한 태도에 반응하는 것이다.

숭고한 사명에 초점을 맞추라

지금 생각해 보면 나의 십대 시절 교회학교 학급에서 이런 이야기를 들은 적이 있다.

"너희는 누가 보기에도 최고로 훌륭한 그리스도인이 되어야 한단다."

누군가에게 그리스도의 분신처럼 보이려면 내가 지고 싶지도 않은 책임을 져야 한다는 생각에 기분이 별로 안 좋았던 기억이 있다. 어쨌든 그것이 좋았든 나빴든, 나는 결국은 그 교훈이 실제에 있어서 얼마나 진리였는지 깨닫게 되었다.

우리가 세상에 사는 동안 누군가에게 존경받는 사람이 되고자 한다면, 하나님의 마음과 우리에게서 어떤 모습을 그분이 보고 계시는지 깊이 생각해 보는 것이 가장 절실하다. 그분의 속성 가운데 중심이 되는 요소는 거룩성이다. 이는 그분은 선하심과 성결하심에 있어서 우리와는 완벽하게 구별이 되신다는 것을 의미한다.

쉽게 표현해서, 그분이 가지신 것과 똑같은 거룩함을 가지고 있지 않은 사람은 그 누구도(우리 모두도 여기에 해당한다) 그분의 임재 속에 있기에 부적합하다는 것이다. 그런데 모든 면에서 우리보다 월등히 초월하신 그분께서 우리와 하나가 될 것을 선택하셨다. 완전함에 대한 그분의 요구보다 그분의 사랑이 더 크셨기 때문이다. 이러한 하나님의 속성이 바로 존경심의 기원이다. 그분이 앞장서서 우리를 구원하신 것은 우리를 회복시키셔서 그분이 자기의 형상을 따라 우리를 창조하셨을 때 우리가 위치해 있던 바로 그 최고의 가치를 가진 자리에 우리를 다시 올려놓으시려는 그분의 열망 때문이었다.

예수님은 삭개오보다 도덕적으로 월등하셨는가? 명명백백한 사실이다. 그런데 왜 예수님은 이 좋아할만한 구석이라고는 한 군데도 없는 사람과 만나시면서 그분의 도덕적 우월성을 강조하지 않으셨는가? 그분의 대화에는 그 도덕적 우월성 보다 훨씬 더 높은 수준의 메시지가 담겨 있었다. 삭개오같이 자기 이익에만 골똘한 자라 할지라도 그 내면에 감춰진 사람, 그가 바로 주님이 주시는 구원을 받을 수 있는 가치가 있는 자이다. 이런 관점에 도달할 때까지 주님의 대화는 계속되었다. 예수님이 자신에게 지우신 과업은 바로 이것을 이루시는 것이었다.

  내가 과연 죠보다 도덕적으로 훨씬 우월하다고 느끼고 있는 것일까?

  이지적으로 엄밀히 따져보면 그것은 참이 아니란 것을 나는 안다. 나는 결코 그가 했던 그런 행동들은 하지 않았기 때문에 그를 향하여 모서리를 날카롭게 세울 수 있다고 나름대로 이유를 설정할 수 있다. 그를 어떻게 대할지 그 접근법에 대하여 생각하면서 마음에 나는 본래부터가 거룩함이 부족하기 때문에 하나님이 나를 얼마든지 부적당하다고 판단하실 수 있었지만 그렇게 아니하셨다는 점을 떠올렸다. 예수님을 통하여 성취하신 그분의 사명은 나를 회복시키셔서 전적으로 받을 자격도 없는 자에게 용서와 용기를 베풀어 주심으로 존귀함으로 충만한 자리에까지 앉혀 주시는 것이었다. 그렇다면 내 앞에 있는 받을 만한 자격도 없는 인생 쓰레기처럼 보이는 자에게 내가 주님께 받은 것보다 훨씬 못한 그 어떤 것을 줘야 한다는 것이 뭐가 안 된단 말인가?

  그 때부터 매주 죠와 면담하는 것이 부담되지 않았다. 나는 마음을 깔끔하게 정리하여 아무도 실제로 그에게 그가 가치 있는 존재란 것을 알려주려 하지도 않았다는 사실을 새겨 넣었다. 면담을 하면서 나는 그가 소년시절 아버지에게 사랑을 받고 싶어 했다는 것, 싫다는 말도 쭈뼛거리며 못하던 내성적인 자였다는 것, 가뭄에 콩 나듯 어쩌다 한 번씩만 아버지에게 이야기를 했다는 것을 알았다. 나는 죠에게 그가 태어나던 첫날부터 이미 그는 하나님께 가치라는 선물을 받았다는 것을 깨닫게 해 주었다. 단지 그가 존재하는 것만으로도 그는 가치가 있다. 그가 가지고 태어난 그 가치는 아무도 부인할 수 없는 것이다. 그 이유가 무엇인가? 나는 설명했다. 그가 태어나던 첫날, 의사들과 간호사들이 분주히 뛰어다니며 그에게 필요한 모든 것을 제공하여 그를 편안하게 해 주려고 얼마나 애썼던가? 그가 가치 있다는 것은 명백한 사실이었다. 그것이 그의 것임을 주장해도 된다. 난 그가 그것을 이해할 날만을 고대했다.

그런데 아주 심각하게 골치 아픈 일이 그 후 수년 동안에 벌어졌다. 그가 자기의 본질적인 가치를 주장하기도 전에 방해가 생겼다. 그를 담당했던 자들이 그에게 하나님이 주신 이 가치에 대하여 그에게 가르쳐 주지 않았다. 그리고 그는 매우 형편없는 가치를 가진 자라는 신념으로 총무장을 시켜버렸다. 이런 생각이 시간 속에서 그의 마음속에 당연한 것으로 여겨지는 진리로 자리를 잡고 말았다. 나이 먹어서 뭔 좋은 날을 보겠냐며 아무것도 달라진 것이 없이 그는 자신에 대해서 형편없는 자라는 생각을 가지고 세월만 까먹고 있었고, 자기 의붓딸이나 그녀의 친구 같은 자들에게 똑같이 무례하게 굴면서 지냈다.

그러던 중 내가 죠의 치료를 맡은 사람으로서 그를 담당하게 되었다. 나는 그 같은 최악의 라이프스타일 선택 태도를 개조시키고, 좀 더 나은 방향으로 영구적으로 생활 방식을 상향 조절할 수 있는 능력을 그가 가질 수 있도록 돕고자 했다. 그와의 면담에서 나는 깨달은 것이 있었다.

'나는 하루 종일 이 사람을 붙들고서 하나님이 그에게 주신 가치에 대하여 이지적으로 생각할 수 있게 해 줄 수 있다. 그러나 그 진리는 그가 실제로 그것을 스스로 체험하기 전까지는 그의 마음에 뚫고 들어가지지 않는다.'

이런 생각이 들자 나는 그를 존귀하게 대해 주기 시작하였다. 그렇게 하는 것이 그리 쉽지만은 않았다. 그러나 나는 반복적으로 자신을 재촉하면서 보다 숭고한 목적을 가지고 섬기기를 다하였다.

우리가 의식적으로 자각을 하든지 안 하든지 사람들은 우리의 행동을 해석할 때 우리의 행동 저변에 깔린 진짜 저의를 확인하고 싫어한다.

잠시 생각해 보자. 당신은 진정으로 각 사람은 하나님이 주신 가치를 지니고 태어난다는 것을 믿는가? 하나님은 심지어 우리가 처참할 정도로 그분의 완전한 원리에 이르지 못했음에도 불구하고 우리를 여전히 사랑하신다는 것도 믿는가? 만일 당신이 이들 질문에 대하여 예라고 대답을 할 수 있다면, 아마도 당신은 그리스도를 제대로 따르기 위해서는 본인의 선택이 얼마나 중요한 지 잘 알고 있는 분일 것이다. 일단 우리가 그리스도를 구세주로 영접하게 되면, 우리는 예수님의 대리인이 되어 사람들에게 우리를 통하여 그분을 보여드려야 한다. 이 얼마나 두려운 생각이 아니란 말인가! 이런 관념이 우리에게 원인이 되어 보다 높은 숭고한 진리에 우리의 시선을 집중시키게 한다. 우리는 그 숭고한 진리를 사람에게 전달할 수 있다. 그리스도를 통해서 우리에게 전달된 그 숭고한 진리가 이제 우리를 통해서 사람들에게 전달된다.

나의 여러 상담과 여러 세미나에서 반복해서 어려움을 겪고 있는 사람들과 교제할 때 품위 있는 태도의 필요성을 서로 이야기한다. 나는 사람들을 만나면서 깨달은 것이 있다. 사람들에게는 그들의 감정을 재갈 물려 다른 사람을 경멸하도록 부추기는 시간들이 있게 마련이다. 사람들은 우리가 하는 실제적인 말들보다 더

욱 오래 우리의 성품을 기억한다. 이것은 여러 가지 방면에서 적
용될 수 있다.

- 어떤 사람이 당신에게 무례하게 이야기를 하였을 때, 당신은
  마음을 견고하게 다져 먹고, 여전히 정중함을 유지할 수 있다.
- 당신은 그다지 호감이 가지 않는 사람들을 만난 후, 시간을
  내어 그들이 어떻게 그리고 왜 부적절한 방법으로 행동하게
  되었는지 곰곰이 생각해 볼 수 있다.
- 가족들과 함께 갈등하며 사는 것이 힘들어질 때, 당신은 예
  의를 갖춰서 조심스럽게 가족의 화목을 가져올 수 있는 보이
  지 않는 가능성을 최대한 찾아보자고 말할 수 있다.

이와 같은 종류의 조절은 오직 당신 앞에 대면한 일시적인 상
황보다 더욱 많고 위대한 어떤 이유 때문에 당신이 살아가고 있는
것이라고 각성하고 있을 때 일어날 수 있다.

우아하게 초월해지라

타인의 가치를 진심에서 우러나서 용인해 주고 감정적으로 냉

정함을 유지한다는 것은 어렵다. 한 걸음 더 나아가 존경은 유지 정도가 아니라 일정 선까지 초월해야만 한다. 이것이 모순으로 여겨진다면 이것에 대하여 신중하게 생각해 보기 바란다.

어떤 남자가 보니 자기 처남이 자기를 한 가족으로 대해주지 않는다는 것을 알게 되었다. 처남은 그를 뒤에서 비난을 하며 별종 취급한다. 비록 이것은 매우 바람직하지 않은 상황이지만, 이 남자는 이에 대해 온유하게 반응하는 것도 좋겠지만 그 대신 처남으로부터 초월하며 지내는 쪽을 선택한다. 그래서 그는 처남에게 예의바르게 말할 수 있다. 이것은 그가 그의 감정을 부인한다는 것을 의미하는 것이 아니다. 그는 우아하게 초월을 실천하고 있는 것이다.

사람들이 주요한 거절(이혼, 과거도착, 부당한 대우)을 경험할 때, 그것을 모른 척하며 지나친다는 것은 매우 난감한 일이다. 우리도 우리가 어려울 때 못본 척하고 지나친 사람들을 떠올리면서 그들에 대한 적개심이 자신 안에 잠복하고 있음을 보지 않는가?

이렇게 말하는 것은 거짓이다.

"나를 멸시했던 사람을 나는 절대로 존중할 수 없다."

당신은 친밀감을 속으로 억압하고 있을 뿐이다. 이럴 때 당신은 괴로움과 불필요한 경쟁심에 굴복당하지 않겠다고 선택할 수 있다.

　겉으로만 포장되어 있던 죠의 냉담함을 우두둑 까버리는 것은 그리 시간이 오래 걸리지 않았다. 그는 자신의 과거에 대하여 더욱 더 자유롭게 말을 하였고, 쉽사리 울기도 하였다. 그는 죄책과 양심의 가책을 토로했다. 이런 모습은 과거 그를 처음 만났을 때는 본적이 없었다. 나는 그가 초기에 보였던 변덕스러움은 두려움과 수치심을 얄팍하게 덮기 위한 수단이었다는 것을 알았다. 죠는 나에게 자기는 달라지고 싶다고 말했다. 그런데 그는 이미 자기에게 변화할 수 있는 힘이 역동하고 있다는 것을 확신하지 못하고 있는 것뿐이었다.

　수개월이 지나고 죠는 나에게 중요한 사실을 고백했다. 죠의 말을 통해 내가 통찰들과 개념들을 해설해주려고 부단히 노력했던 것이 그에게 두 번째로 중요했던 것임도 알았다. 그는 나에게 말했다.

　"레스 박사님, 고백을 해야만 겠네요. 한 때 난 당신을 이해 못할 사람이라고 여겼어요. 나는 당신에게 다른 사람에 대해서 이야기하는 것보다는 나 자신에 대해서 무수한 이야기를 했어요. 대부분 꼴사나운 이야기들이었죠. 그런데도 내가 여기 올 때마다 당신은 나에게 친절했어요. 나를 비웃지도 않았고, 나를 주눅 들게도 안 했어요. 난 그래주길 바라기도 했죠. 만일 당신이 나를 미워했다 해도 나는 당신을 비난하지 못했을 거예요. 그런데 그런 일은 없었어요. 모든 것이 다 놀랍고 신기했어요. 너무 너무 고마워요."

내 두 눈에 눈물이 흘렀다. 그의 첫 번째 방문과 그를 향한 나의 반응을 생각했다. 그 때 주님께 드렸던 기도와 그를 어떻게 존중해야할지 고민하던 일이 떠올랐다. 난 죠에게 이 사실을 다 말해주었다. 그리고 그에게 무슨 죄를 그가 범했던지 그것을 문제 삼지 말고, 하나님 앞에서의 그의 가치는 실제라는 것을 받아들여야 한다는 것을 상기시켜 주었다. 우리는 구세주가 그에게 필요하며, 날마다 성령님의 인도를 받아야 된다는 것에 대하여 이야기를 주고받았다. 내가 이야기를 할 때, 죠는 어린아이와 같이 엉엉 소리를 내가며 울었다.

나는 죠와의 교제를 통하여 내 자신에 관하여 중요한 것을 배웠다. 내가 누군가에게 더욱 큰 영향력을 미칠 수 있는 것은 빛나는 이론들로 입에 기름을 발라가며 상대를 설득할 때가 아니라, 필사적으로 존경을 구하는 자에게 그것을 표해 줄 때이다.

읽을 말씀: 누가복음 19:1-10

1. 삭개오는 동네 사람들로부터 돈을 착취하여 착복했던 일로 인해 존경을 받기 어려운 사람이었다. 당신이 특정 사람에 대하여 존경하지 못하도록 가로막는 인격의 특질들은 무엇인가?

2. 예수님은 "행간을 읽는 능력"을 가지셨다. 그래서 주님은 삭개오가 사람의 사랑에 굶주린 자이며 누군가에게 존경받는 것이 필요한 자란 것을 감지하셨다. 당신이 알고 있는 사람 가운데에도 그와 똑같은 것이 필요한 사람이 있다면 당신은 어떤 신호들을 보고 그것을 알았는가?

3. 왜 우리는 남을 존경하는 데 조건을 내세우는 경향이 있는 것일까?

4. 다른 사람에게서 볼 수 있는 당신이 싫어하는 여러 가지 성격들을 생각해 보라(예를 들어, 반항적 성격, 소극적인 성격, 논쟁적 성격, 투덜거리는 성격, 둔감한 성격). 이런 습관을 가진 사람들을 존경할 수 있는가? 왜 그런가 혹은 왜 아닌가?

5. 가족 중 한 명이 당신에게 거슬리는 말을 하였다. 당신은 그 순간 수세에 몰린 느낌을 받았다. 당신은 어떤 식으로 예의 바르게 반응할 것인가?

6. 다음 진술들에 대하여 각각 예 혹은 아니오로 답변하라. 그런 다음 그 진술들을 다시 보며 스스로 무엇을 바꾸어야 더욱 더 존경심을 유지할 수 있을지 생각해 보라.

- 사람들이 당신의 감정들이 정당한 것이냐며 물어볼 때, 비록 나에 대한 그들의 반응들이 마음에 들지는 않지만 나는 여전히 정중함을 유지할 수 있다. (예, 아니오)
- 나는 다른 사람의 감정과 기분이 항상 나에게 맞춰질 필요는 없다는 것을 받아들일 수 있다. (예, 아니오)
- 나는 내가 원하는 이상으로 비판적 성향과 싸운다. (예, 아니오)
- 태도나 성격이 뻣뻣하다는 말을 들을 때 귀에 거슬린다. (예, 아니오)
- 내 감정과 기분을 떠나서 인생은 공평해야만 한다. (예, 아니오)
- 일단 어떤 사람이 거절하는 행동을 하면 나는 좋은 마음을 잃고 과민해지거나 항거한다. (예, 아니오)
- 다른 사람이 나를 비합리적으로 대하는 것이 분명할 때, 나는 감정적으로 초월할 수 있다. (예, 아니오)

7. 당신이 존경을 표할 때, 가짜로 하고 있는 것이 아니란 것을, 혹 분노를 억누르며 그런 것이 아니란 것을 스스로 어떻게 알 수 있는가?

8. 당신이 알고 있는 사람 가운데 존경이라는 선물이 가장 많이 필요한 사람을 생각하라. 몇 주 안에 당신은 그 사람에게 존경을 표할 것인가?

8 그리스도의 사려깊으신 생각

성전에 계신 예수님과 장로들

● 누가복음 2:40-52

어느 유대인 소년과 같이, 예수님은 자신의 열두 번째 생일과 유월절을 학수고대했다. 그때가 되면 자신도 드디어 부모와 함께 거룩한 도성에 올라가는 연례행사에 참여할 수 있기 때문이다.

이것은 일반적인 여행이 아니었다. 그것은 비로소 남자가 되는 통과의례였다. 그리고 이제 그날이 왔다. 아침부터 사람들의 부산한 소리가 들렸고 흥분 속에 예수님은 부모와 함께 집을 나섰다. 마을 사람 대다수가 명절을 지키러 예루살렘으로 떠날 채비로 분주하다. 당신은 마을 중앙에 모여든 군중들을 상상할 수 있다.

저마다 자루에 여행에 필요한 이삼 주 분량의 식량과 옷가지들을 챙겨 담았다. 당나귀들에게 그 많은 짐 보따리들을 지웠다. 그러나 남자들도 저마다 배낭을 짊어졌다. 뒤편에서 사람들이 포옹을 하며 요셉과 마리아 같이 다정한 이웃들에게 안녕을 빌었다. 해마다 다니던 익숙한 남쪽 길로 여행을 시작했다.

어린 예수님도 나사렛의 파견단이 되어 그 거대한 도성까지 여행을 떠나는 것에 한껏 기분이 흥분으로 고조되셨다. 그분에게도 예루살렘은 가본 적이 없으셨다. 최소한 그분의 기억에서는 없었다. 그분은 거대한 건물들이 있고, 음식 상점들이 길게 이어져 있고, 외국에서 온 사람들이 각기 다른 언어들로 이야기를 하고, 성전에는 제사장들과 그들의 특별한 의복들이 있다는 것쯤은 이미 모두 들어서 알고 있었다. 그분은 동물로 드리는 희생 제사들에 대해서도 상세히 들어두었다. 그리고 비위가 약하면 보지 않는 게 좋다는 경고도 받았다. 곳곳에서 떠드는 소리가 들렸다.

"순회 랍비들이다. 예루살렘의 학자들이 지나간다. 신기하다. 도저히 믿기지 않는다. 하나님과 율법에 대하여 말해 보시게나."

예수님에게 그곳은 볼거리도 많고 들을 거리도 많았다. 할 수 있는 한 그곳에 머물면서 이것저것 가까이서 경험해 볼 준비가 되어있었다.

수십 명, 아니 수백 명의 사람들이 단체로 여행을 할 때 자기들만의 즐거운 시간을 가지는 것은 거의 불가능하다. 인솔자들도 이를 알고 있었다. 그래서 그들은 완급을 조절하여 며칠 간격을 두고 조별로 진행하게 하였다. 아무도 그 시간을 꺼려하지 않았다. 이는 모처럼 서로 함께 여행하는 기회였기 때문이다. 매해 가지는 정기 여행이지만 어떤 이는 태어나서 처음이다. 게다가 예루살렘으로 향하는 모든 도로들에는 그 연례 절기를 지키려고 생업을 멈추고 몰려든 순례자들로 인산인해를 이룬다. 나사렛 사람들은 될 수 있는 한 최선을 다해서 대열을 유지하려 하였다. 하지만 가나, 메든, 나인, 그 외 인근 지역의 여러 마을들에서 쏟아져 들어오는 인파로 서로 어깨를 밀칠 수밖에 없었다.

예수님은 아마도 요셉과 마리아 옆에서 그 도보여행을 시작하셨을 것이다. 그러나 얼마 안 가서, 그분은 회당 학교 다니는 다른 소년들과 어울려 여기 저기 둘러보고 다니셨을 것이다. 또한 아마도 친구들 부모에게 말을 걸며, 그들이 과거에 겪었던 예루살렘까지의 여행담에 대하여 묻기도 하셨을 것이다. 그러시면서 그 명절의 중요성에 대한 그들의 이해를 짚어보셨고, 그 독특한 행사들에 관한 정보들도 수집하셨을 것이다. 틀림없이 그분은 전체 나사렛 파견단에서 칭찬이 자자하셨을 것이다. 그분은 책임감이 강하고,

예의 바른 소년으로 호평 받고 계셨을 것이다. 그래서 그분이 누군가에게 이야기를 건네셨을 때 아무도 그의 호기심에 대하여 싫은 반응을 보이지 않았을 것이다. 도리어 그들은 그것으로 인하여 도전을 받았을 것이다. 사람들은 그분을 떡잎부터 알아보고 미래의 랍비나 마을의 지도자로 점찍어 두었을 것이다.

일단 예루살렘에 도착한 나사렛의 파견단은 임시 숙소 곳곳으로 흩어졌다. 대부분은 작고 저렴한 여관들에 머물렀다. 어떤 이들은 친구들이나 친척들을 찾아 움직였고, 그 나머지는 야영을 하였다. 요셉과 마리아도 그곳에서 꼬박 일주일을 있었을 것이다. 그들은 그 열정적인 청소년을 꼼짝 못하게 붙들어 두는 것은 불가능하다는 것을 알았다. 그래서 그들의 아들로 성장한 예수님께 말했다.

"성전에 달려가서 그곳에서 벌어지는 일을 보고싶어 하는 줄 우리도 알고 있어요. 좋아요. 우리는 매일 저녁 여기에 있을 테니 필요하면 찾으세요. 몸조심 잘 해야 해요."

틀림없이 예수님은 감복하시면서 그 도성의 아름다운 정원들 중 어딘가 한 곳을 거니셨을 것이다. 그분은 관광을 하시다가 헤롯 궁전을 발견하셨고, 그 호화스러움에 넋을 잃으셨을 것이다.

그분은 멈추셔서 노점상들의 포차에서 파는 음식을 드셨을 것이다. 그리고 그분은 아마도 도성에 처음 와 본 티가 물씬 나는 그 소년에게 동정을 바라며 드라마틱하게 구걸하는 여러 명의 걸인들에게 뒤돌아 동냥하셨을 것이다.

단연 예수님이 가장 보고 싶어 하시는 장소는 아버지의 집인 성전이었다. 그분이 처음 그곳에 올라가셨을 때, 그분은 필시 그 웅대한 도성 가장 높은 곳에 궁궐 같은 아름다움을 지닌 채 장엄하게 자리 잡고 앉아있는 성전을 경탄하며 뚫어지게 응시하셨을 것이다. 그분은 그분 자신이 만들게 하신 그곳의 계단들을 줄곧 경건하게 한발 한발 딛고 오르시면서 여러 뜰들을 지나셨다. 이방인의 뜰, 여인의 뜰, 이스라엘 남자와 제사장의 뜰, 그리고 실제 성전 그 자체. 도중 내내, 그분은 회당학교에서 배운 각 처의 목적과 기능에 대한 설명들을 떠올리셨다. 그분은 필시 그분의 동족 유대인들 가운데 얼마나 이런 위대한 구조물의 중요성을 알고 있거나 관심을 가지고 있는지 의문시했을 것이다.

이따금씩 그분은 멈추셔서 하나님의 율법에 관한 중요한 진리를 설명해 주는 일에 소명을 느낀 교사들에게 들으셨다. 교사 대부분은 높은 긍지를 가지고 있었지만, 어떤 이는 회의적으로 보였고, 심지어 조롱하는 자들도 있었다. 그분은 들으신 것을 다 동의

할 수는 없으셨지만, 그래도 각자의 믿는 바에 대하여 경청하셨고 열중하셨다.

어느새 그분은 학문적 명성이 자자한 학자들의 열띤 토론 속에 들어가 계셨다. 그들은 유월절 주간을 학수고대하던 자들로서 이들 수많은 청중들 앞에서 자기들의 지혜를 과시할 수 있는 기회로 삼았다. 어떤 이들은 시건방지다고 악평이 나있는 학자들이기도 했다. 다른 이들은 진실로 진리를 터득하기 원하는 자들이었다. 날마다 그들은 수많은 군중들을 끌어들였다. 예수님은 다만 경청자들의 무리 가운데 속해 모든 것을 보고 들으시는 것으로 작으나마 만족하셨다. 그분은 여러 가지 질문을 가지고 계셨으나, 그 무리한 군중들로 인하여 그 교사들과 자유롭게 토론할 수 없으셨다. 그분은 매일 저녁 요셉과 마리아에게 돌아오셔서, 자신이 들으셨던 것을 신나게 말씀하셨을 것이다.

그렇게 하루가 지나고 다음날 아침이 밝았다.

그분은 여러 세기에 걸쳐 이스라엘 민족에게 역사해 오신 하나님과 그분의 행적을 주제로 하여 펼쳐지는 교사들의 강의를 듣기 위하여 밖으로 나서고 계셨다.

예수님이 보이셨던 호기심을 유발시키는 자질은 그분의 사려 깊은 사고에서 비롯된 것이다. 소년 예수님은 단순히 자기가 믿고 있는 것을 말씀하신 것이 아니었다. 그분은 사고 속에 진리로 통하는 도랑을 파셔서 그곳을 부단히 진리를 발견하면서 통과하셨던 것이다.

신중한 사색가 되기

당신은 사려 깊은 사색가인가?

당신은 인생에 대한 확고부동한 철학으로 무장하고 있는가?

당신은 두려움의 순간에 항거할 수 있는가?

나의 상담소를 찾는 많은 사람들이 인생에 대한 자기 철학을 진중하게 갖고 있지 못하다. 그 결과 그들은 어려움이 찾아오면 붕괴된다. 왜냐하면 그들은 자신을 끌어줄만한 내면의 자원들이 심히도 부족하기 때문이다. 그와 같은 사람 가운데 필립이 있었다.

30대 중반의 필립은 대학 교육을 받은 전문인으로서 남부럽지 않은 직업을 가지고서 교외에서 살고 있는 중산층에 속하는 자였다. 필립은 행복을 위한 많은 외적 조건들을 가지고 있었지만, 내적으로는 만족함이 없는 상태였다.

"나는 나의 전 생애에 걸쳐서 남들과는 다른 한 가지 문제를 가지고 있어요." 그는 나에게 말했다.

"엄마와 같이 산다는 것은 불가능했어요. 내가 열 살 때 엄마는 아빠를 내쫓아보내셨죠. 어린 남동생과 나는 매일 매일 엄마의 폭언과 광분에 숨 졸이며 살아야 했답니다. 아무도 장담할 수 없지만 아마도 엄마의 그런 모습 때문에 엄마의 결혼생활이 끝났던 것 같아요. 어쨌든, 아버지는 엄마와 상대도하기 싫어했죠. 그래도 나와 동생은 가끔씩 아빠를 만났어요. 우리의 유년기 때 말이죠."

필립은 좀 더 설명을 했다. 그는 어렸을 때나 어른이 되어서나 친구 사귀는 것이 힘들었다고 한다. 그의 아버지처럼 그도 이혼을 했고 또 재혼을 했다.

"여자와 함께 산다는 것은 지루해요." 그는 나에게 말했다.

그는 말하기를 그와 그의 최근 아내 조니는 결혼하고 처음 이태동안 빈번하게 말다툼을 벌였다. 이로 인해 결국 필립은 의기를 잃고 아내와 더 이상 무슨 말을 하는 것은 쓸데없는 일이라고 결심하게 되었다.

어느 날 필립은 일종의 욕구 불만을 표출했다. 그것으로 나는 그에게 진행되고 있는 심통함에 대하여 분명한 이해를 가지게 되었다. 그는 불평하였다.

"내가 여기 올 때마다 느끼는 건데요. 당신은 나를 이렇게 되게 한 내적 동기가 뭔지만 살피고 있는 것 같아요. 대체 언제 가서야 내 가족들이 내 인생을 편하게 해주려면 무엇을 해야 하는 지 들을 수 있는 거죠?"

"그들이 이곳에 오면 곧바로 그들의 문제를 거론하죠." 나는 응대했다.

나는 무례히 보이지 않으려 애썼다. 나는 필립에게 첫 번째 면담 때 이미 그의 아내를 가급적 상담에 참여시켰으면 좋겠다고 말했을 뿐더러, 부모와의 관계 개선 방법도 함께 모색해 보자고 했다. 아울러 그들을 모시고 오면 더더욱 좋겠다고도 했다.

"변한 건 아무것도 없어요." 필립이 대꾸했다. "조니가 말하더군요. 내가 문제라고요. 그녀는 낯선 사람에게 자기감정을 말할 필요를 못 느낀다고 합디다. 그리고 아버지는 돈을 준다 해도 이곳에는 한발도 들여놓지 않겠다고 하더군요. 그들은 기분 나쁘게도 내게 손가락질을 하며 내 성격을 네가 고치려한다며 성질을 내더란 말입니다."

나는 동의한다며 고개를 끄덕였다.

"언제든지 한 사람이 상처를 받게 되면 다른 가족들도 역시 문제를 가지게 되죠. 나도 동의합니다. 그들이 탐구 정신을 가지고 같은 마음으로 당신의 행동을 살핀다면 좋았을 텐데 말입니다. 그러나 어디까지나 그것은 그랬으면 바랐던 기우였네요. 옳던지 그르던지 짐은 당신 어깨에 놓여있네요."

가족들의 만류에도 불구하고 내가 생각도 없이 필립을 다그치고 있는 것이라고 여기는가? 아니다, 내 나름에 실제적인 묘책이 있었다.

나는 그에게 가족들의 태도에 개의치 말고 인격적으로 성장해야겠다는 목표를 가지라고 설명해 주었다. 괜스레 자신의 초라한 모습을 보일 필요가 뭐 있냐고 말해주었다. 인격적 성숙을 목표로 주야장천 애쓰려면 이에 요구되는 것은 그가 사려 깊은 사색가여야 한다. 그래서 가족들의 좌절케 하는 공격을 좌초시킬 수 있는 게임의 묘책을 궁구할 수 있어야 한다. 필립에게 필요한 것은 수령자가 되지 말고, 창시자가 되는 것이다.

수령자가 되지 말고 창시자가 되라

열세 살 때 나는 교회에서 주일 저녁에 모이는 성경공부반에 참석했다. 매주 공부 끝부분에 교사였던 젝킨스 씨가 우리에게 다음 주를 위한 숙제를 내주셨다. 그가 우리에게 생각해 오라고 했던 질문 중에 특별히 흥미로웠던 것이 있었는데 내 기억으로는 '왜 유다는 그리스도를 배반하기로 했느냐?'이다.

이 질문에 대한 대답을 찾으면서 나는 스스로 우쭐대기 좋아하는 여느 열세 살 또래들이 흔히 하는 그 짓을 했다.

'나는 아버지에게 뭐라 말해야 하는지 물어봐야지. 그분은 나를 빛나게 해 주실꺼야.'

그러나 아버지의 반응은 내가 원하던 게 아니었다. 책장에서 책 한 권을 꺼내시더니, 한 부분을 펼치면서 말하였다.

"이 페이지들을 읽어 보거라. 그리고 이틀 뒤에 나에게 네 생각을 말해 보거라."

내 머릿속에는 앞날이 깜깜해졌다.

'흥, 아빠, 날 꼭 이렇게 우스꽝스러운 바보로 만들어야 되겠어요? 아빠는 그 질문에 대한 답을 아시잖아요. 제발 말씀해 주세요.'

내 마음을 읽으신 아버지가 말씀하셨다.

"다른 사람에게 네가 해야 할 생각을 대신하게 하면, 너는 네가 알아야 할 것을 진짜 모르게 되는 거다. 네 스스로 이유를 찾는 법을 배우게 되면, 너는 지도자가 될 수 있는 게야. 많은 사람들 속에 얼굴도 모르는 사람이 되는 게 아니라는 말이지."

우리 각자는 세상에 태어나는 순간에 일종의 '반응기'를 가진다. 우리의 어린 시절의 의존성에 의해서 그 특질이 나타난다. 우리가 부모, 형제들, 친구들, 선생님들을 보았을 때 어떻게 느끼고, 생각하고, 행동할지를 그 반응기가 지휘한다. 우리가 무엇인가 원천 행동을 하게 되면, 통상 우리는 그것을 타인과 함께 점검하게 된다.

"당신은 방금 내가 무엇을 했는지 보았나요?" "이것에 대하여 뭐라 생각하시나요?" "나는 부모님들이 이것을 가지고 그만 트집 잡았으면 좋겠어요."

우리의 윤리와 도덕에 대한 기본적 판단력은 우리가 하는 여러 가지 선택들에 다른 사람의 생각들을 영입해 드리는 과정에서 학습된다.

한 순간에, 존경하는 웃어른이나 친구가 출두하여 이런 말을 해주는 것이 필요하다.

"지금은 네가 혼자 해야 할 시간이다. 독창성을 발휘해 보거라."

이것은 학교에서 아이들에게 읽기와 쓰기를 가르칠 때 유용하게 쓸 수 있는 방법이다. 그것은 가정에서 아동들에게 개인위생 관리에 대한 보다 큰 책임감을 부여할 때도 사용할 수 있다. 그것은 또한 아동들이 스스로 구상해낸 문제 해결 방법을 시도할 때, 부모와 교사나 뒤에서 끈기 있게 지도해 줄 때도 유용하다.

만일 우리가 아동시절 독창적으로 행하는 법을 익히지 못하면, 어른이 되어서도 곤란한 상황을 만났을 때, 부실하게 대처하게 된다. 그래서 이런 식으로 생각하는 경향을 갖는다.

'누가 나를 위해 이 문제를 해결해 주지 않나?'

그 누군가가 해주지 않으면, 우리는 쉽게 분노, 두려움, 염려, 죄책을 가지게 된다.

필립은 고개를 끄덕거렸다. 우리는 그의 괴로움에 대하여 논의하였다. "의문의 여지없이", 나는 말했다.

"당신이 이때껏 살았던 환경은 실제로 다른 사람 때문에 생기게 된 긴장의 연속이었네요. 그리고 매우 자연스럽게, 당신은 누군가 당신을 보석해주어서 당면한 문제들에서 꺼내주기를 원했던 거고요. 그 대신 당신이 당신을 꺼내주어야 합니다. 그래서 그것에 따른 불공평한 일을 당하더라도 꿋꿋해져야 합니다."

"맞아요. 불공평해요." 그가 말했다. "예를 들어서, 나는 조니에게 좋은 남편이 되려고 나름 열심히 최선을 다하고 있어요. 그런데 그녀는 우리의 결혼생활을 위해 내가 애쓰는 것을 몰라주는 것 같단 말이예요. 당신은 한 번도 내게 짜증을 내거나 비난하지 않았어요. 그런데 그녀는 달라요. 내가 그녀에게 내가 요즘 달라지고 있다고 말해주었거든요? 그런데 그녀는 아무 생각 없이 눈만 말똥말똥 뜨는 겁니다. 서로 좋은 관계를 맺어 보겠다고 바둥거리는 것은 정말 피곤하네요."

"그런데 말이죠. 괴로운 건 알겠는데, 다른 선택은 아직 안하셨네요." 내가 말했다.

"그런가요?"

"괴로움을 해소하기 위해 당신이 택한 방법은 훌륭합니다. 계속해서 그대로 진행시키세요."

"가당치도 않아요. 당신이 나에게 그런 식으로 감정을 처리해야 한다고 얘기해 주었잖아요."

필립은 내가 출두해서 자기 문제들을 해결해 주기 원했지만, 나는 그의 먹이를 가로채지 않았다. 그는 시간이 아무리 지나간다 해도 자기의 부정적 감정을 기필코 즐거운 것으로 바꾸고야 말겠다고 단단히 마음먹을 필요가 있다.

어떤 방향으로 삶을 살아가야 할는지 신중하게 생각하면서,

하나님 앞으로 갈 수 있는 자유를 단단히 붙잡아야 할 사람은 바로 나 자신이다. 당신은 그렇게 하고 있는가? 당면한 문제들에 대하여 신중하게 생각하는 습관을 가지고 있으면, 당신은 삶 전체에 넓게 퍼져있는 감정들에 대하여 좀 더 느긋하게 반응할 수 있게 된다.

소년 예수님에게 있어서 하나님과의 관계는 매우 중요하였다. 그분은 다른 사람들에 의해서 그 관계가 좌지우지 되는 것을 원치 않으셨다. 그런 이유로 그분은 유월절 절기에 성전에서 그토록 오랜 시간을 보내셨던 것이다.

일단 순례자들이 명절이 끝나면서 그 도성을 비우기 시작하자, 예수님은 그야말로 금쪽같은 기회를 맞게 되신다. 이제야말로 유월절 기간에 가르침을 베풀던 그 교사들을 찾아가 그들과 더욱 친근하게 말할 수 있는 기회가 온 것이다. 처음에는 한 두 명의 교사를 찾아서 뵙고 정중하게 시간을 내어달라고 요청을 하였다. 그분과 같이 단정하고, 호감을 주는 학동을 그들은 거절할 수 없었다. 만난 지 불과 몇 분도 안 지났지만 그들은 그분이 여느 12세의 동년배들과는 확연하게 다르시다는 것을 알아봤다. 그분의 질문들에 그들은 깜짝 놀라 펄쩍 뛸 지경이었다. 논의가 본격적으로 시작되자 그 풍부한 학식에 이내 탁월한 율법학사들 여러 명이 그분 주위로 빙 둘러서서 그분이 풀어내는 말씀에 귀를 기울였다.

문답식 대화가 여러 시간 이어졌다. 이따금씩 어떤 사람이 음식을 날라 오고, 잠시 휴식 시간을 이용해 서로 웃으며 가벼운 이야기로 이야기꽃을 피웠다. 그것도 잠시뿐 예수님은 다시 더욱 더 진지한 주제를 다루셨다. 과연 어느 누가 그분의 물음에 제대로 답을 낼 수 있었겠는가! 그분과 학자들은 물론 죄와 속죄와 율법의 요구에 대한 교리들을 토론하셨을 것이다. 그들은 아마도 다양한 절기들과 희생 제사의 상징들을 탐구해왔던 교수들로서 하나의 논제를 택해 집중적으로 연구하여 얻게 된 개념들을 설명하였을 것이다.

의심할 것도 없이, 몇 몇 교수들이 예수님의 범상치 않은 질문들에 추풍낙엽처럼 떨어져 나갔고, 동료 학자들이 도와달라는 청을 받고, 나서 보기도 했지만 많은 수의 교사들이 북쪽 작은 마을에서 온 이 작은 천재에게 두 손 두 발을 다 들고 말았다. 메시아와 선지자들의 글들에 관하여 그분이 질문하시자 그들은 답안을 생각해 내느라 자기들끼리 골머리를 싸매고 설왕설래하느라 정신이 없었다. 이러는 과정에서 예수님은 지도급 율법학자 단체들 속에 산재해 있는 여러 분파들의 파다한 이견들을 들어보실 수 있으셨다.

날이 저물자 누군가 아직까지도 집으로 떠나지 않았느냐고 물었다. 그분은 나사렛에서부터 워낙 느린 속도로 여행자들이 이동을 해왔기 때문에 선발대가 이삼일 먼저 떠났어도 그들을 뒤따르는 일은 어렵지 않을 것이라며 그들에게 확신을 주셨다. 그 사람들은 허허거리며 머리를 끄덕였다. 한 사람이 그분에게 그 날 밤 묵을 숙소를 마련해 주었다.

삼일 후, 요셉과 마리아는 예수님이 이동하는 무리들에 끼어 있지 않다는 것을 알아 차렸다. 그들은 아연실색하였음에 틀림없다. 그들은 서둘러 예루살렘으로 되돌아가서 예수님을 찾기 시작하였다. 함께 한 사람 중에 하나가 말을 꺼냈다.

"내가 장담하건데 그가 어디 있는지 알 것 같아요. 성전으로 되돌아가봅시다. 그가 틀림없이 거기에 있을 겁니다. 변변치 못한 학자들의 코가 한풀 꺾여 있을 거라고요."

그 순간 몇 몇 교사들을 만나려한다고 말씀하신 것이 떠올랐다. 아무도 그분의 말씀을 귀담아 듣지 않았던 것이다.

일단 성전에 도착한 그들은 순간 멈춰서야 했다. 그분이 학자들과 대화중이라 지켜봐야 했기 때문이다. 그런 다음 마리아가 살짝 앞걸음으로 다가가 말하였다.

"아드님, 어째서 우리에게 이렇게 한 거죠?"

그분의 순수한 답변에 아마도 그들은 일거에 경계가 풀렸을 것이다. 요컨대, 그분이 이렇게 말씀하셨을 것이다.

"나의 하늘에 계신 아버지에 관하여 인성을 입고 있는 내가 온전히 알고 싶어 한다는 것을 깨닫지 못하셨단 말인가요?"

그들은 틀림없이 그분이 알고자 했던 것들이 단순히 열두 살짜리가 알고 싶어 하는 것이 아님을 알고 진정 놀라움을 금치 못했을 것이다. 그들은 도대체 저분이 누구일까 생각해 보았지만, 그들이 알 수 있는 것은 고작해야 그분은 자기들이 이해하지 못하는 굉장히 다른 어떤 분이라는 것뿐이었다.

예수님은 교사들에게 자신이 짚어보고 싶은 문제들을 질문하셨고, 그들이 대답해준 여러 가지 아이디어들을 간추려서 개념들을 정립하셨고, 그 개념들을 이용하여 하나님의 진리를 발견하는 데 사용하셨다.

신중한 사색가는 자기들이 가지고 있는 신념들에 대하여 일일이 조사해 봄으로써 더욱 더 성숙하게 된다.

도전은 잘 되기 위한 자극이다

신중한 사색가들은 의문과 논쟁은 무력한 개념을 제거하고 우량의 개념을 강화시킨다는 것을 안다. 이 두 가지 방법을 통해 사색가들은 앞서 나가게 되는 것이다. 우리는 예수님이 타인이 그분의 습관과 신념에 도전했을 때 조금도 뒤로 물러나지 않으셨음을 안다. 그분은 자신의 생각과 능력에 대해 지극히 확신하셨다. 그분은 불신과 냉소에 직면했을 때 오히려 이루실 과업을 점진적으로 부상시키셨다. 그분은 소년시절 상당히 많은 시간을 사상의 계통을 세우는 데 쓰셨다. 그분은 낯선 견해들과 맞닥뜨렸을 때 움찔하지 않으셨다.

평균적으로 사람들은 자기들의 신념에 도전을 받게 되면 불안해하는 데 비해, 이와는 대조적으로 그리스도께서는 자신의 신념을 확고히 세우셨다. 예수님은 방해를 성장과 배움의 기회로 보셨던 반면, 우리는 방해를 위협으로 여기는 경향이 있다. 그 방해에 대하여 우리는 매우 방어적으로 반응할 수 있다. 방어의 순서를 보면, 먼저 우리는 뭘 믿어야 할는지 또는 왜 그것을 선택해야만 하는지 깊이 생각을 하게 된다. 그 과정에서 불안이 생긴다. 그러면 그 불안을 격퇴하기 위하여 책임전가, 빈정거림, 합리화를 사용하여 방어하게 되는 것이다.

필립은 나에게 말하기를 자기 결정들에 사사건건 의문을 제기하는 아내 때문에 심히 분개하게 된다고 하였다.

"자기가 가진 의견에 대하여 사사건건 의문을 제기하며 따지는 것을 보고 좋아할 사람은 진짜 한명도 없죠." 나는 인정했다. "그렇지만 당신이 결정하기에 앞서 그녀의 의견이 무엇인지부터 아는 것이 더 가치 있어 보이는데요. 심지어 그녀가 옳지 않은 의견을 가지고 있다해도요."

그는 자기 머리를 천천히 가로 저었다.

"내가 과연 그녀의 도전들에 대해 기꺼이 받아줄 수 있는 법을 익힐 수 있을지 확신이 안서네요. 내가 그녀에게 맞춰야 한다는게 진짜 싫어요."

"맞추려고 너무 서두르지 마세요. 필립, 가장 최악의 사태가 언제 발생하느냐 하면요, 두 손 두 발 다 들고 당신이 틀렸다고 인정해야만 할 때랍니다. 그렇게 되기 전에 조절이란 걸 해 줘야 하는 거죠. 그런데 만일 당신이 스스로 방법을 짜서 그것을 확고하게 붙잡기로 마음먹고 고집을 피운다면, 고작해야 당신은 아마도 그녀에게 제발 그녀다워지라며 몰아세우는 일만 할 겁니다. 조금 더 앞으로 나가기 위해서 당신이 지금 할 일은 당신의 인품을 다지는 일입니다."

필립은 웃으면서 대답했다.

"그래서 당신이 말했던 거군요. 내가 먼저 해야 할 선택은 신중하게 생각할 수 있는 가치를 가지라고요. 왜 내가 당신이 말하는 그런 신중하게 생각하는 가치를 가져야 하는거죠?"

도전이 있어야, 우리는 자신의 논리가 밀폐되어 있었다는 것을 제대로 깨닫게 된다. 심지어 그것이 틀린 생각이란 것도 알 수 있게 된다. 도전을 수용하는 그런 열린 마음이 있어야 우리는 결코 배우는 것을 멈춰서는 안 된다는 것을 알게 된다. 도전이란 게 있어야 우리는 아직 완전에 도달하지 않았다는 것을 깨닫게 되어 마음에 새로운 입력을 받아들일 수 있는 방이 생긴다. 우리가 여러 방면에서 다양한 관점을 가지기 위해서는 신중하게 생각을 해야 한다. 그래야 편견을 가지지 않게 되고 궁극에 가서는 우리의 지도력과 영향력이 증가하는 것이다.

도전을 향해 활짝 문을 열어두라. 비록 그래서 우리의 무지가 만천하에 노출되는 위험이 있다 해도 기꺼이 받아들여야 한다. 일단 우리의 아이디어들이나 견해들을 도전의 테이블 위에 올려놓게 되면 우리는 우리가 가지고 있는 것들보다 더욱 적절한 다른 의견이 있다는 것을 깨달을 수 있다. 그러면 우리의 오류를 인정할 수 있게 된다. 우리도 이렇게 할 수 있겠는가? 아마도 쉽지는 않을 것이다. "우리 모두 함께"가 되기 위해서는 때로 우리의 요구를 파기해야 하기 때문이다. 도전은 우리가 미완성이었음을 보게 한다.

나의 삶 속에서 나보다 훨씬 현명했던 어떤 사람에게 도전을 받게 되었을 때, 몹시도 불쾌했던 기억이 있다. 내가 대학원에 다닐 때였다. 당신도 아마 대학원생들이 자기들은 뭐든지 다 알고 있다며 착각하고 다니는 것을 많이 보았을 것이다. 그 당시 내가 그런 모양새였다. 그 일이 벌어지기 전까지만 해도 나의 약점을 나는 인정하지 않고 지냈다. 그룹별로 토론하고 있던 중, 한 학생이 개인의 삶에서 겪는 갈등에 대하여 이야기 하면서 자기 딸과 데이트 문제로 대화를 할 때, 자기는 온화함을 유지하는 것이 힘들었다고 하였다. 내가 불쑥 끼어들어 나의 명민함을 뽐내면서 그녀에게는 그 무엇보다도 먼저 십대에 대하여 훨씬 더 많이 알아야겠다고 결심하는 것이 필요하다고 말하였다.

내가 말을 하는 중간에 교수님이 개입하셨다.

"카터학생, 왜 그대는 사실들에 대하여 끝까지 들어보려 하지 않고 속단부터 하려 드는가? 다른 사람들이 그녀 개인의 고충을 정리해 볼 수 있는 시간을 가지도록 할 순 없겠는가?"

나는 교수님의 지당하신 말씀으로 얼굴이 홍당무가 되어 앉아 있었다. 나는 이 여인의 문제를 신속히 바로 잡아줘야겠다는 일념 하에 삶을 단순화시키면 되겠다 싶어 나의 요구를 내질러 버렸던 것이다. 하여간 나는 개인의 문제에는 여러 가지 대답이 있기 때문에 그것을 한데 모아 놓고서 터놓고 고군분투하는 것이 좋다는 것을 절실히 느꼈다. 때에 맞춰 어려운 질문들과 씨름할 수 있는 것은 특권이란 것을 배웠다. 우리 모두는 진리를 알려는 욕구가 필요하다.

진리를 알고 싶어 하는 열망

인생을 위해 하나님께서 세워두신 목적을 알고 있는가? 선하신 하나님의 계획과 악한 사탄의 의도 사이의 차이를 깊이 숙고해 본 적이 있는가? 고통과 거절에 관한 난제 앞에서 그 답변을 모색하려고 기꺼이 힘써 본 적은 있는가? 신앙의 교리들, 즉 그리스도의 재림에 관하여, 예배의 목적에 대하여, 하나님의 속성에 대하여 더욱 많이 알고자 하는가? 이런 진리들을 익히면, 당신은 내적으로 더욱 많은 동기부여를 받게 된다.

　나는 필립에게 분석을 해 주었다.

　"내가 당신을 데리고 내 친구와 함께 저녁 식사를 한다고 가정해 보시자구요. 내 친구와 먼저 대화를 얼마쯤 하다가, 당신에게 그 사람 있는 자리에서 이제 술 좀 끊으라고 요구하는 겁니다. 아마 당신은 나를 '안돼요'라는 말만 좋아하는 율법쟁이 크리스천이라고 생각할 겁니다. 그러나 그 때 내가 이 친구가 근래에 음주 운전 교통사고로 아들을 잃었다는 설명을 해 줍니다. 그 순간 당신의 마음에 동기부여가 일어나는 거지요. 당신은 나를 더 이상 율법이나 읊어대는 방자한 자로 보지 않고 되레 온유하고 사려 깊은 친구로 보게 될 겁니다. 내가 요구하는 이유를 알게 되었기 때문에 전혀 달라지는 거죠."

　"마찬가지 방법으로…" 나는 계속했다. "하나님은 무엇을 지시하시면서 절대 독단을 행사하시거나 까탈을 피우지 않으십니다. 가르쳐 주시려는 목적을 항상 가지시죠."

　"나는 삶을 사는 동안 기독교의 교훈들을 계속 듣고 있죠. 하지만 나는 그러한 교훈들의 배경에 깔린 진리에 집중했던 적은 거의 없어요." 필립은 인정했다. "아마 그랬더라면 괴로움과 같은 문제들은 그리 어렵지 않게 이겨낼 수 있었을 텐데요."

"무엇을 행할 것인지 알고 있는 것만 가지고는 동기부여가 될 수 없죠. 당신이 그 행동의 이면에 담겨있는 이유를 납득할 때 비로소 동기부여가 발생하는 겁니다. 그리스도인으로서 좀 더 나은 삶을 영위하려면 각 행동의 뿌리에 대하여 탐구하는 것이 중요합니다. 그래야 진짜로 이치에 닿는 결정을 하게 되죠."

필립은 용서와 죄된 삶과 건전한 단호함이란 제목을 가지고 기도하고 묵상하는 시간을 가지게 되면서부터 그의 긴장이 상당히 많이 풀릴 수 있었다. 그는 후에 나에게 말하기를 자기는 더 이상 기독교 교훈들을 대함에 있어서 투자 시장에서 실적관리나 하려고 꼼수를 쓰는 윈도드레싱처럼 하지 않는다고 하였다. 그는 자신의 신념들을 생각 깊은 데서 끌어내기를 원하였다.

어떤 행동들이 당신으로 하여금 깊이 숙고해 보지도 않도록 만드는가? 자기가 확신하고 있는 바에 대해 진정 속속들이 알고 있지도 못하면서 당신은 과연 자기는 확신 있게 행동한다고 할 수 있는가?

어째서 용서가 만성적인 분노보다 더 좋은 선택인지 그 이유를 이해도 못하면서 용서하는 훈련만 받은 적이 있는가?

우리가 소망을 가져야 하는 이유가 그리스도의 임박한 재림을 알고 있기 때문이란 것을 알고 있는가?

무엇인가 골똘히 생각해 보면 다양한 견해들을 발견할 수 있다. 분명히 소년 예수님은 성전에 있던 교사들의 견해에 전적으로 동의하지 않으셨다. 그러셨음에도 불구하고 그분은 그들과 사흘을 함께 머무셨다. 그들의 견해들에 대한 그분이 가지신 의견의 차이는 오히려 그분 자신에게 꼭 들어맞는 사상들을 정립하는 자극제가 되었다. 그래서 낯선 아이디어들을 몰아낼 것이 아니라, 하나님의 뜻이 어디에 있는지 깨닫게 해달라고 기도하는 가운데 그것들에 대하여 깊이 생각해 봐야 한다.

다른 사람의 반응을 기대함

누가는 우리에게 유대 랍비들이 신학적 철학적 문제들에 대한 예수님의 심도 깊은 이해에 대하여 놀라워했다고 말한다. 그는 예수님의 어린 시절에 대하여 결론짓기를 "지혜와 키가 자라가며 하나님과 사람에게 더욱 사랑스러워 가시더라"(눅 2:52)고 하면서 예수님은 지속적인 성장을 하셨다고 적고 있다.

당신도 얼마든지 무엇이 옳은지 알려는 열망을 이제 실천으로 옮길 수 있다. 비록 우리 중 어떤 이는 지적인 능력이 다소 떨어진다고 해도, 기꺼이 자기 스스로 생각해야 한다는 것만큼은 절감할 수 있을 것이다. 만일 우리가 깊이 사색할 줄 아는 사색가란 것이 알려지게 된다면 우리의 신분적 지위가 높아짐은 물론 다른 사람에 대한 영향력도 증가될 것이다.

우리는 또한 열두 살 사색가에게 감명을 주었던 종교적 지성인들이 이십 년 후에는 그분에 의해 엄청난 위기의식을 가졌다는 것을 안다. 그분의 논리는 더욱 공고해져 갔던 반면, 그들은 오래된 인습에 매여 자기들이 빠져있는 작은 우물을 벗어나지 못했다. 그들을 계몽하여 주시는 그분에 대하여 찬양을 드리는 대신, 그들은 가장 극악무도한 대적자들이 되고 말았다. 당신의 신념을 표현할 때, 그것에 따르는 거절에 대비하라. 그 뿐 아니라 신중한 사색가가 되어 영적으로 성숙하고, 진리가 무엇인지 발견하는 자가 되도록 준비하라.

◤ 읽을 말씀: 누가복음 2:40-52

1. 본문은 소년 예수님의 인성적 측면에 대한 독특한 통찰을 제공한다. 과연 무엇이 원인으로 작용하여 그분으로 하여금 삼일 간이나 한곳에 머물면서 교사들과 성경에 관하여 깊이 있는 토론을 하도록 강력한 호기심을 유발시킨 것인가?

2. 고통스런 상황에 직면하게 되면 사람들은 믿음이 흐트러진다. 왜 이런 일이 발생하는가? 이것은 정말 잘못되거나 나쁜 것이기만 한 것일까?

3. 아래 진술들에 대하여 예 혹은 아니오로 답변하라. 그런 다음 그 진술들로 다시 돌아와 거짓으로 표시된 부분에 자신을 동일선상에 올려놓고 당신의 삶에 적용 가능한 지혜로운 통찰을 모색하려면 어떤 목표를 가져야하는지 생각해 보라.

   • 어려운 일이 발생했을 때, 나는 하나님의 인도하심에 대하여 아무렇지도 않게 의심부터 하는 성향을 억제할 수 있다. (예, 아니오)
   • 인생이 불공평하게 여겨질 때 그것에 대처하여 안식을 누릴 수 있는 근거가 되는 성경의 교훈을 많이 알고 있다. (예, 아니오)
   • 나는 좌절이 내 삶을 휩쓸어 버리기 전에 그 감정을 처리하기 위하여 시간을 충분히 가지고 그것을 이치에 맞게 생각해 볼 줄 아는 방식을 익히고 있는 중이다. (예, 아니오)

- 나의 삶에 대한 하나님의 계획을 이해하고 있기 때문에 나는 인내하는 마음을 가지고 살아가고 있다. (예, 아니오)
- 내 신념이 도전받는 것은 싫지만, 막상 도전을 받게 되면 나는 능히 그것을 조정할 수 있다고 믿는다. (예, 아니오)
- 나는 하나님을 예배하는 것에 대한 잘 정립된 철학을 가지고 있다. (예, 아니오)
- 나는 내가 신앙생활을 하는 이유를 설명해 보라는 도전을 받을 때 당당히 맞설 수 있다. (예, 아니오)
- 나의 영적 생활은 투덜거리며 불평하는 시간을 줄이고, 하나님에 대하여 조용히 깊은 사색을 하는 시간을 더 많이 가질 때 틀림없이 향상될 것이다. (예, 아니오)

4. 기독교의 가르침에는 관계와 감정에 관련하여 많은 교훈이 담겨져 있다. 그럼에도 불구하고 많은 그리스도인들이 이런 분야에서 어려움을 호소한다. 왜 이런 일이 벌어지는가?

5. 인생철학을 제대로 정립하기 위한 가장 좋은 방법은 당신과 삶을 공유하고 있는 사람들과 함께 당신의 생각을 터놓고 대화하는 것이다. 왜 이러한 것이 유익한가?

6. 당신이 그리스도인으로서 다른 사람과 친밀한 관계를 유지하고자 할 때, 당신에게 영향을 미칠 수 있는 기독교의 가르침에 대하여 깊이 숙고해본 다음, 그 생각들을 요약하여 잘 정리해 두라.

9 그리스도의 은혜

예수님과 고발된 여인

● 요한복음 8:1-11

아내에게 작별 키스를 하고 아이들의 머리를 쓰다
듬고 있는 젊은 목사는 뭔가에 정신이 팔려 약간 신경질적으로 보
였다. 저녁 식사 후에는 좀체 사역을 하지 않는 편이었는데 그 밤
에는 교도소로 가서 한 사형수를 위한 공식 증인이 되기 위해 나
서는 중이었다. 이 일을 전에 딱 두 번 해 보았다. 그의 아내는 남
편의 안녕을 바라며 근심하는 눈빛이 역력했다. 그리고 아이들…
음, 그들은 아버지의 그 특별한 임무를 알지 못하였다. 어쨌든 그
들은 그가 그 특별한 면담을 취침 전까지는 끝내리라 예상했다.

일단 침묵이 흐르는 교도소 건물 안에 들어서자, 교도관들이

그 목사를 호위하여 작은 독방으로 안내했다. 집체만한 거구에 키가 180센티미터가 넘는 존이 대기하고 있었다. 전혀 유쾌할 것도 없는데, 존은 자기를 방문한 손님에게 웃음으로 인사를 했다. 순간 교도관들이 저녁 식사를 가져 왔다. 그리고 존은 그의 목사 친구에게 함께 식사하자고 권했다. 존의 요청대로 메뉴는 새우볶음과 초콜릿 케이크였다.

목사는 마지못해 음식을 접시 위로 옮겨만 놓았지만, 존은 게걸스럽게 평소처럼 먹어댔다. 그는 새우 23마리와 커다란 케이크 두 덩이를 먹어 치웠다.

형 집행은 자정을 일 분 지난 시간으로 정해졌다. 이제 막 8시가 지났다. 이 때 목사는 심사숙고하며 그에게 말했다.

"존, 이제 고이 잠들어야 하는 시간이 점점 다가오고 있어요. 지금 이 시간 기분이 어떠세요?"

정적이 흐르고 그 남자는 천천히 부드럽게 말하였다.

"나는 사람을 죽였어요. 그 사실을 난 바꿀 수 없죠. 그리고 이제 나는 내 목숨으로 그 값을 달게 받고 있는 것이고요. 정의의 심판을 받는 것이죠. 그러니 난 내 운명을 받아들이겠습니다. 나는 이 시간이 안 오길 바랬죠. 그러나 난 죽을 준비가 되어있어요."

존의 교도관들이 형을 집행했고, 그는 순순히 그에 따랐다.

성경 시대에 간음을 하다 붙잡힌 여인이 예수님 앞으로 끌려와 이와 똑같은 처지를 당했다. 그녀에게는 존과 같은 절명의 순간에 하나님의 은혜가 필요했다.

하나님의 은혜를 받은 여인

예수님께서 예루살렘에 올라가셨을 때마다 매순간 종교 지도자들은 그분을 그들의 골칫거리로 여겼다. 그곳을 방문하셨던 어느 날 그분은 아침 일찍 성전에 나가셨다. 예수님은 그곳에서 특히 바리새파 사람들의 반대를 직면하셔야 했다.

"우리는 예수를 이번 기회에 궁지에 몰아넣어야 한다고." 그들은 낄낄거리며 웃었다. "우리에게는 그가 율법을 멸시하는 자라고 몰아붙일 수도 있고 아니면 창녀와 한통속이란 걸 보여 줄 수 있는 묘책이 있단 말일세."

그 날 일찍, 그들은 매춘 행위를 하는 여인을 잡아서 강제로 끌어다가 예수님께 보였다. 이 장면은 추하기 그지없었다. 여인은 극한 수치심에 절규하듯 항거하며 울었다. 이 사람들은 그녀를 완전 인간 말종으로 여겼다. 막돼먹은 군중들이 모여들었고, 그녀는 군중들의 위협 앞에 압도되었다. 그녀는 개 끌리듯 질질 끌려 거리를 지나 성전에 당도했던 것이다.

"저기 그가 있다! 저기 예수가 있다! 그는 죄인들의 친구라고 떠들고 다닌다. 그가 얼마나 어리석은지 우리 어디한번 보자. 그에게 이 간음하다 붙잡힌 여인과 친구하고 싶은지 일단 한번 물어보자."

여인을 그 억센 팔로 단단히 움켜잡고서, 두 명의 바리새인이 그녀를 예수님을 향해 내동댕이쳤다.

혐오스럽게 생긴 한 사람이 말했다.

"예수여, 이 여인은 간음하다 현장에서 잡혔다."

그는 숨을 한번 돌리더니 군중들에게 생생하게 현장 상황을 그림 그리듯 자세히 설명하면서 그래서 여기까지 오게 됐노라고 떠들었다.

"이제, 모세는 이런 여인을 돌로 치라고 명령했다. 그대는 뭐라 말하려는가?"

그들은 즐거워했다. 두 명의 바리새인은 점잔을 빼면서 설부른 답변이 나오기를 기다렸다.

그러나 예수님은 그들을 바보로 만드셨다. 즉시 말씀하시는 대신, 그분은 쭈그리고 앉으시더니 땅에 뭔가 쓰셨다. 아마 그곳에 있는 사람들의 이름을 적고 계셨는지도 모른다. 그분은 계명들 몇 가지를 쓰셨을 수도 있다. 그리고 또렷하게 말씀하고 계시는 중이시다.

'이보게들, 내 가는 길에 폭탄을 던져놓고 내가 지금 갈갈거리며 신음하는 줄로 생각하나?'

예수님의 이런 행동은 바리새인의 마음을 어지럽게 했다.

"좋소, 예수, 당신의 대답은 도대체 무엇이요? 이 시간 당신은 뭐라고 말할 거냔 말이요?"

그들은 자기들이 교묘하게 쳐놓은 덫에 그분이 단 한 발도 들여놓고 있지 않자 당황되었다.

예수님은 조용한 목소리로 대답하시면서, 그들의 염려를 도리어 뜨거운 불구덩이로 밀어버리셨다.

"너희 중에 죄 없는 자가 먼저 돌로 치라"(요 8:7).

그런 다음 그분은 땅에다 계속해서 쓰셨다.

바리새인들은 속에서 쓴물이 올라왔다.

'그가 또 다시 해냈어. 우리를 더 큰 곤경에 빠뜨렸단 말이다.'

감히 서로 쳐다보지 못했다. 그들은 가져 왔던 돌들을 버리고, 자기 길로 암말도 못하고 발을 질질 끌며 돌아갔다. 구경꾼들은 그들 두 분 사이에 무슨 일이 있었는지 모른다. 예수님은 사람을 조소하시거나, 박수를 쳐가며 조롱하시는 그런 타입이 아니시다.

나란히, 그 가련한 여인은 예수님 앞에 여전히 서 있었다. 그분은 그녀에게 아무런 말씀도 하지 않으셨다. 그분은 그 다음에 무엇을 하셨을까?

그 여인은 불결했다. 그녀의 옷은 남자들의 거친 손길로 구겨졌고, 그 헝클어진 머리털은 그녀의 얼굴을 덮어 버렸다. 그녀의 머릿속은 뜬한 기분으로 멍했다.

예수님은 그녀를 향하여 다가 오셨다. 그분은 그녀가 사람들에 얹혀서 싸구려 인생을 살아왔던 것을 오랜 세월에 걸쳐서 뉘우치며 살게 될 것을 아셨다. 그리고 그녀가 한 명의 가치 있는 인간으로서 그분의 은혜와 용서를 놀랍게 증거하게 될 것이라고 확신하셨다. 동정심이 예수님을 압도했고, 자상하게 그 여인의 어깨에 손을 올려 주셨다.

그녀는 무엇을 바래야 할지 몰랐다. 그분이 그녀에게 그녀의 죄에 대하여 설교하셨을까? 그 날 여인은 전혀 존귀한 취급을 받지 못했다. 여인으로서 귀하게 여김을 받을 수 있는 그녀의 평판은 찾으려야 찾을 구석이 없었다. 그녀는 아마도 이렇게 생각했을 것이다.

'계속하세요, 예수님. 나에게 마땅히 들어야할 말을 해주세요.

나란 인간은 조롱밖에는 받을게 없는 여자랍니다. 주위에 물어보시면 나를 알고 있는 모든 사람이 다 그렇게 말할 거예요. 나는 패배자예요.'

멈출 줄 모르는 그녀의 눈물 때문에 그녀는 예수님의 얼굴 낯을 파악할 수 없었다.

예수님의 말씀이 시작되었다. 그녀는 그분의 목소리에서 풍겨 나오는 그 온유함에 압도당했다.

"여자여 너를 고발하던 그들이 어디 있느냐 너를 정죄한 자가 없느냐"(요 8:10).

이 얼마나 이상한 질문이신가! 그런데 기다리라. 그분이 핵심을 짚으신다.

"그 남자들은 모조리 '도망가 버렸다. 너에 대하여 말할 자가 아무도 없구나. 그렇지 않느냐?"

신중하게 그녀가 머리를 가로 저었다. 그녀는 차분히 말했다.

"주여 없나이다."

예수께서 친절한 미소를 건네신다.

"나도 너를 정죄하지 아니하노니 가서 다시는 죄를 범하지 말라"(요 8:11).

그분의 말씀이 그녀를 완벽하게 붙잡아 주었다. 그것이 뭘까?

설교? 잔소리?

그녀는 천천히 그녀의 집으로 향하여 걸었다. 그 여인은 어리둥절하였다.

'나에게 무슨 일이 있었던 거지? 불과 몇 분밖에 안 지났는데 참담했던 느낌은 어디로 가버리고 낯선 평안이 느껴지는 거지? 난 예수님에 관하여 확신하는 것도 없는데, 그분을 개인적으로 알아버렸어. 감사해요, 하나님, 감사합니다.'

감사와 소망의 눈물이 주르르 흘러내려 그녀의 얼굴을 적셨다.

이 사건은 여러 면에서 나의 마음과 정신을 사로잡는다. 그 사건을 통하여 나는 예수님은 내가 여태껏 만났던 사람과는 확연히 다르시다는 것을 알았다. 그분은 하나님의 값없이 주시는 호의, 곧 은혜를 날라다 주시는 전문 배달꾼이셨다.

나도 예수님처럼 그렇게 반응해야겠다고 마음먹었다. 하지만 용서라는 것은 그릇된 행동에 대하여 무조건 해서는 안 된다는 것을 나는 잘 안다.

수년 전 친척 가운데 한 사람이 내가 그를 위해서 빌려준 개인 빚을 갚지 않고 있다는 것을 알게 되었다. 나는 부자도 아니고, 그렇다고 분명코 빚쟁이는 더더욱 아니다. 그래서 나는 그가 약정대로 이행할 것이라 믿기로 했다. 그 대출금으로 인해 그는 나를 피하기 시작했다. 나는 돈을 잃었을 뿐 아니라, 우리의 관계까지도 깨어졌다. 나는 용서만이 내가 택할 수 있는 길이란 걸 알았다. 그러나 나는 그렇게 하고 싶지 않았다. 용서는 그에게는 너무 과분한 것처럼 보인다. 어쨌든 그는 나에게 사기를 쳤던 것이다.

당신은 사람 때문에 실망해 본 적이 있는가? 그것도 문제를 제거해 보겠다고 온갖 노력을 다 기울였는데도 실패해서 실망했던 적이 있는가? 당신은 계속해서 용서해 줄 수 있는가? 당신은 내 것을 다 잃게 한 자와 함께 거할 수 있는가? 예수님은 그 간음하다 붙잡힌 여인이 주께서 그에게 베풀어 주신 용서에 고마워하고 있는 것을 아시고 만족해 하셨을 것이다. 만일 그녀가 용서를 안 받아들이고 있는데도 그분이 계속해서 용서해 주셨을까? 나는 그렇다고 믿는다. 이것을 알면서도, 나는 합당하지 않는 사람에게는 용서 베풀기를 여전히 주저한다.

나는 최근에 한 여성과 상담을 하였다. 파울라는 30대 중반이었고, 그녀는 교회에서 성경공부반 및 그 외 봉사 사역의 체계를 세운 공로로 다른 여성들에게 큰 존경을 받는 여인이었다. 친밀하고 사교성이 넘치는 그녀는 실제로 다른 사람과 자유롭게 대화하는 편이었다. 그녀는 자기 언니 케이티를 대신하여 오로지 그녀 때문에 상담소를 찾았다.

나는 그녀에게 케이티와의 관계를 물어보는 것으로서 상담을 시작했다. 그녀는 곧바로 나에게 말했다.

"케이티와 그녀의 남편이 별거에 들어간 것은 이 년이 넘었어요. 아무도 그녀의 상황을 어쩌지 못하고 있죠. 그들은 결국 최근에 이혼을 했는데, 나는 이혼하는 것을 진작부터 반대하고 있어요.

내가 일이 그 지경이 되기까지 아무런 손도 쓰지 못하고 있었으니 생각만 해도 끔찍해요. 그녀는 이제 독신 엄마가 된 거라고요. 내가 그걸 어떻게 좀 해보려 했어요. 그런데 케이티가 엄청 화를 내는 거예요. 난 그녀 스스로 이런 일을 자초한 거라고 느껴요. 그녀 때문에 누군가 미쳐버릴 거예요, 나를 포함해서, 어디 문제가 한두 가지겠어요? 그녀의 태도 때문에 살면서 힘들어요. 하여간 그녀 주변에만 있으면 성질이 저절로 올라온다니깐요."

"나는 당신이 언니에게 당신 의견을 말해주었으면 하는데요. 그럼 잘 되지 않을까요?"

"오, 그럴 수도 있겠죠!" 파울라는 대답했다. "그런데 내가 이야기하면 할수록 우리는 더욱 관계가 악화될 겁니다. 그녀는 자기에 대한 내 감정이 어떤 줄 알고서 성질이 더 나빠지죠. 그녀는 화가 나면 담장이 무너져도 그대로 두고 고치려 들지도 않아요."

생각을 좀 달리가지게 해 주고 싶어 나는 말했다.

"그녀가 당신에게 이미 전에 다 들은 이야기니 그만 좀 하라고 말한다고 했습니다. 어째서 당신 두 사람 사이에 이런 틈이 생기게 된 것인가요?"

"그것은요. 한 편으로 보면, 내가 그녀를 받아 주고 있기 때문일겁니다. 왜냐하면 그녀는 내 언니이니까요. 그러나 카터 박사님. 나는 그리스도인의 삶의 원리대로 살려고 해요. 내가 어떻게 내 아이들에게 선한 규범들을 가르치느냐 하면요, 걔들이 그 진리를 철저히 지키지 않으면 나를 제대로 못쳐다 볼 정도예요. 케이티는 내가 얼마나 철저하게 사는 지 잘 알고 있어요."

우리는 자기 언니에 대한 파울라의 감정들에 너무한 것 아니냐고 반응하기에 앞서, 말로는 용서의 유익에 대하여 이야기하는 것이 매우 쉽다는 것을 기억해야 한다. 자기와 다른 방식으로 사는 사람과 상호 교제하면서 매일 사는 것이 일상이 되어야만 할 때 용서라는 말이 쉽게 나오겠는가? 당신은 만신창으로 살면서도 죽어도 술은 못 끊겠다며 버티는 친척이 있을 수 있다. 뒤죽박죽 엉망진창 사고만 치고 다니는 조카나 사촌들을 알고 있을 수 있다. 아마도 배우자가 수만 가지 불완전한 약점들을 보이며 당신을 들들 볶아댈 수도 있다.

그런 사람들과 얼굴과 얼굴을 맞대고 살아야 한다면, 그때도 당신은 용서라는 단어를 떠올릴 수 있을까?

바라기는 십자가에 달리신 예수님의 마음에 그 간음한 여인도 들어가 있었다는 것을 알았으면 좋겠다. 결혼, 음란, 순결에 대하여 그분만큼 잘 아시는 분은 없다. 예수님은 교리에 정통하시다. 그런데 자신이 가르치신 그 모든 교리와 정 반대편에 서 있는 그런 여인의 비행을 모두 알고 계셨음에도 불구하고 주님은 그 여인에게 공개적으로 자비와 용서를 표현하셨다. 교리의 틀에 맞춰 예수님의 어떠하심을 생각하고 있는 사람들에게 이 주님은 얼마나 예측불가능한 분이시란 말인가! 이것이 바로 내가 제시하고자 하는 논점이다.

나는 그분의 은혜를 실천하기 원한다. 그렇게 해야지만 나는 용서를 배울 수 있다.

용서 배우기

은혜와 용서는 거의 모든 사람들에게 부자연스럽다. 왜냐하면 우리는 어렸을 적부터 우리의 평판과 자존감은 실천을 통해서 얻는 것이라고 훈련받아 왔기 때문이다.

"만일 내가 이 바른 생활을 하게 된다면 정말로 훌륭한 사람이라는 칭송을 받게 될 것이다."

이유는 이렇다.

"그렇게 됨으로써 나는 인정받을만한 가치가 있다고 스스로 증명하는 것이기 때문이다."

파울라는 그녀의 인생에서 이것을 믿고 있었다.

"내가 어렸을 때…" 그녀가 설명했다. "늘 케이트와 나는 다른 파장을 가지고 있다고 느꼈어요. 그녀는 마음에 자기 스스로 한계를 정해 놓고 그 속으로 끊임없이 자기를 밀어 넣는 그런 사람이에요. 그녀는 부모님을 미치게 하는 걸 무슨 사명으로 아나봐요. 부모님이 어떻게 반응하실지 빤히 들여다보면서도 나쁜 일을 때때마다 하는 거예요. 가족들을 미치게 만들죠."

"그녀가 당신을 괴롭게 하는 다양한 원인들의 제공자인가요?"

"그녀는 정말 그래요." 파울라가 설명했다. "나도 그녀를 좋아하고 싶지요. 나도 완전하지 않잖아요. 그렇지만 사이좋게 지내기 위한 최선의 방법은 바른 생활을 실천하는 것이라고 생각하며 살

앗죠. 케이티가 학교에서 사고를 치고 다녔던 반면, 나는 양심적이었죠. 부모님은 나와 뭐든지 상의하셨죠. 나는 말을 잘 들었죠. 나는 어른들에게 예의바랐고요."

당신은 파울라의 유년시절과 비슷한가? 아니면 케이티 같았는가? 용서를 놓고 갈등하는 사람들은 파울라 쪽을 보다 많이 닮아 있다. 그들은 규칙은 따르기 위하여 만들어진 것이며, 실천은 당신이 착하다는 것을 증명하는 길이라고 믿는다.

나를 나쁘다고 여기지 말라. 나는 권위구조, 도덕, 훈계를 성공적인 인생의 필수 요소로 여기는 분들을 존경한다. 그리하여 그런 올바른 실천과 화목한 관계를 강력하게 강조할 때, 우리가 얻는 유익한 점은 한 두 가지가 아니다.

더 많이 용서하려면 사람에게는 은혜와 용서를 갈망하는 마음이 있다는 것을 깨달아야 한다.

은혜와 용서에 대한 갈망

존에 대한 사형이 집행되었을 때는 1958년이다. 수년전 존은 주정부 법원에서 판사 앞에 섰다. 그가 유죄란 것을 알고 있었지만 판사가 사형을 언도할지는 꿈에도 몰랐다. 그가 "그대를 교수형에 처한다"라는 선고를 들었을 때, 존의 마음은 억장이 무너졌다. 그는 항상 화를 품고 살았다. 스스로 언젠가 안전을 찾는 좋은 날이 올 거라고 말했다. 그는 자기의 문제가 자기를 극단까지 몰고 갈 것이라고는 꿈에도 생각지 못했다. 그는 그같이 나락에 떨어진 일로 인하여 스스로에 대해 매우 의기소침해졌고 분노하였다.

교도소에 이송된 존은 사형수로 분류되어 입감되었다. 하지만 이내 다른 재소자들과 어울리게 되었고 엄격한 감시 아래 반복되는 일상을 계속했다. 그와 그의 변호사는 통상 절차에 따라 탄원서를 제출하였다. 하지만 시간이 지나면서 존은 자기에게 확정된 판결을 뒤집을 길은 없다는 것을 깨달았다.

어느 날 젊은 목사가 이 교도소에 배정이 되었다. 그는 거의 매일 사형수동을 방문했다. 그는 존에게 집중했다. 그 목사는 존이 그리스도인은 아니지만 그 마음에 기꺼이 자기의 창조주에 대하여 일말이라도 뭔가를 알고 싶어 한다는 것을 알아 차렸다. 두 사람은 함께 성경을 공부하기 시작했다. 그리고 여러 달이 지나는 동안 존은 성경의 기본 가르침에 대하여 이해하기 시작했다. 수많은 시간동안 그들은 구원에 대하여 토의했고, 마침내 어느 여름

날 존은 선언한다.

"나는 준비가 되었습니다. 나는 예수님을 나의 개인의 구세주로 영접하고 싶습니다. 내게 언도된 사형을 바꾸지는 못하지만, 나는 구원받은 자가 되고 싶습니다."

존과 그 목사는 사형수동의 감방 콘크리트 바닥 위에 무릎을 꿇었다. 그리고 존은 예수님께 자기 마음에 오셔달라고 간청했다. 그는 자기의 죄를 진심으로 뉘우치고 있으며, 자기에게는 구세주가 필요하다고 기도하였다. 그가 일어났을 때, 환한 웃음으로 그의 얼굴이 꽃피고 있었다. 그 때로부터 존은 다른 사람이 되었다. 그는 하나님의 차고 넘치는 은혜를 경험하였다.

하나님의 은혜는 그분의 사랑이 얼마나 크신지 알려주시고자 하는 하나님의 갈망에서 기원한다. 그것은 지은 죄가 무엇이든 문제 삼지 않는다. 그분의 은혜는 그분의 자비하신 본성에서 확산되어 나온다. 그러나 인간은 하나님이 아니다. 우리가 누구를 용서할 수 있는 것은, 우리 자신을 하나님의 온전하시고, 자비로우신 속성에 위치시켰기 때문이다. 더 정확히 말하면, 우리가 다른 사람을 용서할 수 있는 것은 우리가 하나님께 은혜를 받고 보니 너무도 감사하다는 것을 느꼈기에, 그 사람도 내게 은혜를 입으면 감사를 느낄 것이 아니냐는 것을 깨달았기 때문이다. 우리가 아직 죄인이었을 때에 하나님은 자기의 아들을 우리를 위해 죽게 하셨다. 이런 깨달음에서 흘러나오지 않는 온유는 베푸는 자의 동기에 따라 왔다 갔다 할 뿐이다.

만일 어떤 사람이 사업윤리가 매우 투철하여, 자기에게 사기를 친 동업자를 용서해 주기로 마음을 먹었다고 치자, 그의 반응은 존경받아 마땅하다. 그러나 그것은 쉽게 그 사람의 감정에 자만을 풍선처럼 부풀게 한다. '이 사람은 내가 그에게 선을 베풀고 있다는 것을 깨달아야 할 거야.'

그러나 이 똑같은 사람이 자신도 역시 모서리가 떨어져 나가는 시련에 휘둘려본 경험이 있다면, 그는 자기 동업자의 결핍함에 동병상련의 마음을 가지고서 그를 조정하는 자가 아니라 그의 동급생이 되어 줄 것이다.

당신도 역시 비슷한 일로 버둥거릴 수 있다는 것을 알기에, 당신은 은혜가 필요한 사람과 당신 자신을 동일선상에 놓고 그의 몸이 되어 느낄 수 있는가? 이들 사례들을 살펴보라.

●당신은 결코 중증 우울증에 걸려 있지는 않다. 그러나 당신

에게 이 문제로 고통하고 있는 친척이 있다. 그 친척에게서 "무엇이 잘못된 거야?"라고 하는 대신, 자신도 똑같은 환경을 만나면 그 같은 어려움을 겪을 수 있다는 것을 스스로 인정하면서 당신은 자상하게 그를 보다듬어 안을 수 있다.

●당신의 배우자가 나와 관계된 어떤 사람이 돈 문제로 당신에게 거짓말을 하고 있다고 말했다. 당신은 한 번도 돈 가지고 거짓말을 해본 적이 없기 때문에 매우 낙심되었다. 아마도 당신은 다른 문제에서 자기도 남을 속이려 했던 적이 있었던 때가 있었다며 마음을 추스를 수 있다.

은혜는 그것을 받게 되는 사람과 당신이 진심으로 동일시되었을 때나 가능하다. 이런 반문을 할 수 있다. 당신은 예수님이 간음하던 여인의 잘못된 행동들과 자신을 동일시 하셨다고 생각하는가? 아니다. 그러나 예수님은 애정, 인정, 칭찬을 갈망하는 그녀의 필요와 자신을 동일시하셨다. 이들 필요를 채우기에는 그녀의 처지가 너무도 빈한했다. 그녀의 결핍에 필요한 것은 호닝(honig, 정밀하게 다듬기)이 아니라 코핑(coping, 돌담에 지붕처럼 씌우는 갓돌)기술이다. 그분은 사랑을 갈망하는 그녀의 필요와 자신을 동일시하셨던 것이다.

파울라와 나는 이 개념에 대하여 논의하였는데, 그녀는 괴로워하면서도 나에게 솔직해졌다.

"당신은 얼마나 우리가 경쟁적인 자매간이었는지 알거예요. 우리가 자랄 때, 특히 십대와 성년 초기에, 나는 숙고하며 결심했어요. 케이티 같아지지 않을 거라고요. 나는 어떤 경우에라도 그녀와 동일시하고 싶지 않았어요. 왜냐하면 나는 그녀가 나쁜 길로만 머리를 쳐 미는 것을 봤으니까요."

"그것은 매우 현실적인 방법이었네요. 그런 태도는 당신에게 도움이 되었을 겁니다. 왜냐하면 적어도 그런 태도 때문에 당신은 상습적으로 나쁜 선택을 하는 습관만큼은 가질 수 없었으니까요" 라며 나는 생각해 보게 했다. "그러다 보니 아마도 당신은 그녀에게서 자신을 너무 멀리 이동시켰을 것 같네요. 당신이 그렇게 멀리 이탈되어 있으면 오히려 당신에게 해롭습니다. 그것은 나중에는 거꾸로 '네가 나보다 더 나을지도 모른다'는 태도를 가지게 하지요."

파울라는 잠시 조용히 앉았다가 인정하였다.

"나라고 늘 그런 식의 태도를 가지고 싶은 것은 아니예요. 그런데 내 자신을 케이티와 같이 놓고 생각하는 것은 너무도 힘들어요. 특별히 달라지겠다고 신중하게 선택한 이후로는 말이죠."

"당신이 그녀와 같지 않다고 다짐하는 라이프스타일 문제 속에는요" 나는 답변했다. "당신에게도 찬사와 자기과시 같은 필요가 있는 거랍니다. 비록 이들 필요가 당신이 가진 것과는 다른 모습으로 그녀 속에 있지만요."

나는 더 나아가 케이트의 기질은 인정받고 싶은 갈망이나 소중하게 여김 받고 싶은 갈망에서 나온 것이라고 설명해 주었다.

파울라와 나는 자아와 인간의 본성의 관계에 있어서 자아를 어떤 식으로 이해해야 하는지를 놓고 논의하였다. 당신도 나처럼 자기가 얼마나 잘못된 생각을 하고 있는지 인정하고 싶지 않을 것이다. 그런데 나는 부정적인 사고방식을 가지고 사는 사람이란 것이 알려지길 원하지 않는다. 솔직히 그런 사실을 인정하고 싶기도 하다. 그러다가 어떤 적절한 환경이 주어진다. 나는 옆 사람이 무서워 어쩔 수 없이 바른 생활을 한다. 그리고는 스스로 마음에 호위병을 세운다. 품위 유지를 계속하기 위해 갖은 방법을 다 창안해 낸다. 그리고 나를 일정 틀에 유지시킨다. 그렇다면, 나는 다른 사람보다 도덕적으로 더욱 월등하다고 선언할 수 있을까? 아니다, 나는 하나님의 은혜가 필요하다. 다른 사람들과 마찬가지로 아주 절망적일 정도로 필요하다. 내가 뭔가에 성공을 했다고 해도, 내가 실패를 피하였다고 해도, 나에게는 지울 수 없는 사실이 있다. 나는 옆 사람과 마찬가지로 죄를 범할 가능성이 있다는 것 말이다. 우리는 모두 같은 배를 타고 있다.

각 개인은 행동과 선택에 있어서 유일하다. 그러나 내면의 핵은 우리 모두 똑같다. 우리가 서로의 인간적인 필요들과 자신을 동일시하면, 우리는 대화하는 것이 가능해진다. "비록 다르지만, 우리는 평등하다."

우리 모두에게는 관계보다 실천을 더 중요시하는 경향이 있다는 것을 경각심을 가지고 봐야 한다. 대신, 그 반대가 되어야만 한다는 것이 진리이다.

관계는 실천보다 우선순위를 가진다

다른 그 무엇보다도, 기독교는 교제에 관계한다. 하나님은 우리에게서 그 무엇도 받으실 필요가 없다. 하지만 그분은 우리를 초청하셔서 그분 자신과 삶을 나누신다. 그분이 그렇게 하고 싶어 하신다는 사실 외에는 아무런 이유가 없다. 우리가 천국에서 그분과 얼굴과 얼굴을 맞대고 만날 때, 우리는 오로지 그 스릴 넘치는 그분의 임재 안에서 찬양과 경배를 올려 드릴 것이다. 한편, 현재 용서하기 어려워하는 사람들은 대개 관계보다는 실천에 더 많은 관심을 가진다.

건전한 실천 목표들을 정하여 놓고 그것대로 행동하는 것이 잘못인가? 절대로 아니다. 성경은 도덕, 일, 재능을 관리하기 위한 방법들과 관련된 교훈으로 가득하다. 성경은 가정에서, 교회에서, 친구 관계에서 실천해야 할 견고한 권면을 제공한다. 하나님은 그분의 안내 없이는 우리가 쉽게 나쁜 선택 쪽을 향해 돌아선다는 것을 아신다. 그래서 그분은 매우 분명하시다.

그러나 실천만이 성경이 강조하는 전부인가? 만일 율법주의적인 마음을 가진 사람들의 말을 잘 경청해 보면, 당신은 아마도 이런 경우를 추론해 볼 수 있을 것이다.

인간이 존재하기 시작했을 때부터, 하나님은 터놓고 옳음과 그름에 관한 그분의 규범을 말씀하셨다. 그분이 아담에게 하신 첫 번째 말씀에서 그분은 아담은 선과 악을 알게 하는 나무의 실과를 먹지 말아야 한다고 설명하셨다. 이것을 통하여 그분은 누가 인생을 바르게 사는 법을 선포할 수 있는 것인지 그 사람에게 일러주신 것이다. 그리고 아담은 자기에게는 인생을 어떻게 살아야 하는지 맘대로 통제할 역할이 주어지지 않았다는 것을 깨달을 책임이 있었다. 아담이 죄를 범하였을 때, 하나님께서는 불순종하면 그분이 기뻐하지 않으신다는 식의 이런 결과의 법칙을 세우셨다. 이것은 그분이 우리에게 원하시는 삶은 선을 실천하는 것임을 보여준다.

그러나 한 가지 중요한 사실을 이해하라. 아담은 하나님께 반역한 후에 자기가 살게 될 것이라고는 상상조차 할 수 없었다. 그분은 아담에게 이미 사형을 언도해버리셨기 때문이다.

만일 하나님께서 본래부터 선을 실천하는 것에 관심을 가지셨다면, 우리는 존재할 수 없었을 것이다. 우리는 너무도 졸렬하여 하나님의 온전한 표준을 준행할 수 없다. 우리는 도리어 그분으로부터 멀리 이탈될 뿐이다. 그러나 하나님의 주요 목적은 관계이다. 그분은 얼마나 간절히 우리와 함께 사랑 안에서 살고 싶어 하시는지 모른다. 그분은 그분 자신의 표준들을 옆으로 치워 놓으셨다. 그분은 이 표준들의 정당함을 여전히 고수하신다. 왜냐하면 그분의 마음은 변하지 않으시기 때문이다. 하지만, 그분은 한걸음 더 나아가 대속적 죽음으로 말미암아 우리가 그분과 함께 생명을 존속할 수 있다는 것을 받아들이셨다. 대속적 죽음의 첫 번째 행동이 에덴에서 수행되었다. 하나님께서 한 짐승을 죽이셔서 아담과 하와를 덮으셨다. 그 마지막 행동으로 그분은 가히 인간들이 생각할 수조차 없는 일을 행하셨는데, 바로 자기 아들을 우리를 위해 내어 주신 것이다.

실천은 하나님께 중요하다. 그러나 관계가 그분의 궁극적인 목적이다.

나는 파울라에게 설명했다.

"케이티는 경건한 표준에 도달하기 위해 여러 가지 선택을 했습니다. 하나님께서 이혼을 좋아하시나요? 아니죠. 그분은 반항을 좋아하나요? 아니죠. 그분은 그녀의 과격한 기질을 기뻐하실까요? 아니죠. 당신의 언니는 확실히 그분의 표준에 미치지 못했어요. 때때로 그녀는 그걸 저지르면서 이게 뭐냐며 충분히 자책도 했을 겁니다. 하지만 그녀는 자주 부지불식간에 그런 일들에 빠졌을 겁니다."

"언니가 잘못된 선택을 했다는 이유로 언니를 거절한 나는 뭐죠?"

나는 계속했다.

"내 삶을 내려다보면, 나는 수도 없이 기준에 미치지 못하는 짓을 해 온 걸 보게 되죠. 당신에게 당신 언니를 용서하라고 제안하는 것은요. 당신의 견고한 삶의 원칙을 포기하라는 의미가 아니예요. 그 대신, 당신의 언니에게 언니는 자신의 행실보다 하나님의 그 높고 귀한 사랑에 터 잡고 살아야 한다고 보여주라고 제안하는 겁니다. 당신이 이렇게 할 때, 당신은 당신을 향하신 하나님을 꼭 닮은 태도를 가지게 되는 거랍니다."

"모험삼아서라도 언니의 선택을 너그럽게 봐주라는 것이군요. 내가 언니를 온유하게 대하고, 언니를 지지해 주란 말이라군요." 그녀가 말했다.

나는 고개를 끄덕이며 그녀가 이 대목에서 잘했다고 표시했다. 그녀는 계속했다.

"나는 결심이 서네요. 만일 그 위기를 해결하는데 이것이 그토록 중요한 것이라면 언니에 대한 내 입장이 부드러워지고 있다는 인상을 가지게 해 줘야겠군요."

"만일 당신의 기준대로 그녀가 실천하도록 강제한다면 그런 걸 용서라고 말할 수는 없죠. 당신이 교제 그 자체를 진심으로 소중하게 여긴다는 것을 그녀가 받아들일 수 있게 해주어야 하는 거죠. 의심할 것도 없이 언니를 당신과 똑같이 여기게 되면 당신에게 기회가 주어질 겁니다."

당신의 삶에서 누가 당신의 우선순위에 포함되는가? 내 경우는 나의 가족, 친구, 그리고 나에게 오는 내담자들이다. 그들에게는 내가 뭘 바로잡아 주는 것보다 나의 사랑과 용납이 더욱 많이 필요하다.

계발에 집중하라

나는 완강하기로 소문난 사람들 몇 명을 알고 있다. 실로 눈 하나 꿈쩍거리지 않고 완강하다! 그들은 성난 황소같이 달려들기 좋아한다고 알려지는 것을 즐긴다. 그들은 완벽주의와 사람에게 강요 잘하는 것을 무슨 자랑처럼 여긴다. 당신이 아는 사람 가운데도 몇 명쯤은 있을 것이다.

만일 예수님께서 터프한 언어를 툭툭 내 뱉으며 간음한 여인에게 말씀하셨다고 상상해 보라.

"여인, 당신은 여기 왜 끌려왔는지 반드시 알아야만 돼. 제 무덤 제가 판다고 했지. 처신을 잘하고 다녔어야지. 화를 자초한 거야. 이제 가서 행동을 깨끗하게 가져. 그리고 돌아와서 개선하기 위해 어떻게 했는지 보고해."

그분은 말씀에 있어서 항상 의로우시다. 그러나 그분은 그 여인을 그런 식으로 대하지 않으셨다.

사람들은 격려가 필요하다. 우리는 꾸지람보다는 칭찬에 의해

보다 많이 동기부여가 된다. 우리에겐 "나는 여전히 너와 함께 하고 있다"는 식의 긍정이 필요하다.

사람이라면 누구나 공통적으로 가지고 있는 인격적 성향인 의존성으로 인하여 각각의 필요가 생기는 것이다. 어린 아기 생일날을 생각해 보라. 아기가 태어나면 어른들은 본능적으로 무엇을 하는가? 그들은 아기가 안락함을 느낄 수 있도록 허둥지둥 동분서주하면서 아기에게 필요한 일이라면 무엇이든 다한다. 그들은 아기를 먹이고, 아기를 목욕시키고, 아기를 안아주고, 아기를 얼른다. 그들은 빈번히 눈을 맞추며 애정의 단어들로 이야기한다. 아이는 전적으로 의존만 한다. 그리고 이에 따라 조치해야만 생존하고 성장한다.

신생아를 다른 방식으로 키우는 사람이 있다고 생각해 보자. 신생아가 요람 안에 눕혀있다. 수유시간 외에는 큰 방에 혼자 남겨진다. 일단 수유가 끝나면 아기는 그 빈방으로 돌려보내진다. 당신은 소리치며 아동 학대라고 외칠 것이다. 아기를 그런 식으로 다루면 안 된다. 양식 있는 어른이라면 아이는 무자극 상태에서 기계적으로 키워야 한다고 믿지 않는다.

어른들이라고 해서 신생아와 별반 다를까? 어떤 면에선 그렇다. 하지만 우리는 도움이 없으면 안 된다. 심지어 어른이라도 의존성을 가진다. 우리에게는 용납과 인정과 격려 같은 것이 필요하다. 그 정도는 다르지만, 우리는 천부적으로 상호 교감을 필요로한다.

　이런 깨달음을 얻은 파울라는 마음을 고쳐먹고 케이티에게 접근하기로 하였다. 나는 설명했다.

　"당신은 스스로에게 물어봐야만 해요. '나는 케이티가 나에 대해 어떤 감정을 가졌으면 좋겠는가?' 당신은 그녀가 당신이 가지고 있는 라이프스타일을 존중해 주기를 바랍니다. 하지만 그녀는 결코 그렇게 하려 들지 않을 겁니다. 당신이 자기편이란 것을 깨닫기 전에는 말이죠."

　"당신이 옳다는 걸 나는 알아요. 당신의 아이디어를 당신이 설명해 주는 것을 들으니, 나도 깨달은 게 있어요. 나는 비판하는 사람이거나 판단하는 사람으로 알려지고 싶지 않아요. 나는 언니가 나에게 기대어도 되겠다는 걸 느꼈으면 좋겠어요."

　그런데 그 때, 그녀는 한쪽으로 머리를 콕하고 쳐들었다. 파울라가 물었다.

　"수년간을 언니와 싸우며 지냈는데 어떤 식으로 생각을 바꿔야 하는 거죠?"

"케이티에게 당신이 지나온 과거에 언니에게 어떻게 했는지 많이 생각하고 있다는 것을 알 수 있게 해주세요. 그리고 당신은 결정을 하세요, 더욱 많이 용서하겠노라고. 그리고 오직 언니가 당신에게 뭘 물어볼 때만 조언을 해 주세요. 그리고 당신은 언니를 판단하는 걸 멈춰야 합니다. 그녀가 당신의 신념에 대해 분명히 반박을 한다해도 말이죠. 그러면 틀림없이 그녀의 관심을 사게 될 겁니다."

"그렇게 해볼게요. 언니가 내 말을 들어주었으면 좋겠어요. 언니는 나에게 말을 막하거든요. 내가 생각한 대로 내가 흉금 없이 탁 터놓고 잘할 수 있었으면 정말 좋겠네요."

당신은 은혜가 필요하지 않은 사람은 단 한 명도 없다는 것을 발견할 수 있을 것이다. 만일 우리가 교정만을 목적으로 한다면 기독교 신앙원리는 잠꼬대 같은 소리가 될 뿐이다. 손으로 만질 수 없는 많은 신앙적 원리들이 있다. 인내, 용서, 관용, 온유, 친절, 그 외 그와 같은 것들이다.

그리스도께서 완벽한 모델이 되어 주신 이런 품성들을 당신이 밖으로 드러내면 사람들은 복 있는 사람이 될 것이다. 그러니 준비하라. 당신이 은혜 속으로 더욱 깊이 들어간다면 당신은 진정

달라져 있을 것이다.

어느 날 밤 사형이 집행되던 그곳에서 존은 그에게 최초로 예수님을 믿게 했고, 자기의 지난날의 잘못을 후회하도록 대화를 걸어주셨던 그 날의 그 목사님을 가슴에 새겼다. 그 날에 그들이 나눈 대화에서 존은 예수님이 잠시 후면 자기를 친히 인솔하여 아버지 앞으로 데려가기 위하여 기다리고 계신다는 것을 알고 마음에 시원한 해방감을 얻었다.

자정이 되기 약 15분전 쯤 교도관이 존에게 형장까지 마지막 발걸음을 옮길 시간이 되었다고 알려 주었다. 그러나 자리를 뜨기 전, 존과 그 목사는 찬송을 불렀다. "죄짐 맡은 우리 구주 어찌 좋은 친군지"와 "나 같은 죄인 살리신 주 은혜 놀라워"였다. 이 두 곡은 존이 평소 가장 좋아하던 찬송들이다.

존은 최후의 기도를 드렸다. 간단하고 단순하게.

"하나님 아버지, 잠시 뒤면, 나는 주님과 함께 영원히 있게 됩니다. 고맙습니다. 예수님은 나의 구세주이십니다. 나에게 학대받은 그 남자의 가족에게 복을 주십시오. 그리고 하나님, 나의 엄마 나의 누이에게 복을 주십시오. 그들 모두를 잘 보살펴 주십시오. 그리고 주님, 형을 집행하는 사람들을 도우셔서 자기들이 하는 일에 나쁜 감정을 갖지 않게 해 주세요. 예수님 이름으로 기도합니다. 아멘."

몇 분 안에 존은 사형집행장으로 당당히 걸어서 들어갔다. 그리고 그의 삶을 마쳤다.

그 젊은 목사가 바로 에드 카터, 나의 아버지이시다. 그 때에는 아버지가 나에게 그 늦은 밤의 모임에서 그가 무슨 일을 했는지 알려주시지 않았다. 그러나 세월이 지난 뒤, 내가 대학생이 되었을 때, 아버지는 나에게 존과 같은 사람들과 함께 겪었던 일들을 말씀해 주셨다.

나는 이상주의자라서 사형제도에 대하여 반대하며 논쟁을 했었다.

"아빠, 존과 같은 사람의 죽음에 대해 증인이 되어야 했을 때 감정 처리는 어떻게 하셨나요? 식사가 넘어가시던가요?"

"내가 네게 말해 줄 수 있는 건 말이다. 그 같은 경험은 마음의 고통 없이는 겪을 수 없는 것이란다." 아버지가 말했다. "나는 자신을 봤단다. 오직 하나뿐인 존재인 나를 말이다. 하나님이 나를 사용하셔서 그분의 은혜를 그 시간에 보이도록 하셨던 거란다. 그 절망에 처한 갈급한 시간에 말이다. 나는 그 순간 하나님의 대리

자였단다. 나의 역할은 매우 숙연한 것이었단다. 그런 생각이 나를 지켜 괴로운 마음에 빠지지 않게 했지. 아무리 외부에서 논쟁을 벌여도, 또는 내 마음에 들지 않는다 해도 말이다."

아버지의 설명이 나의 가슴팍을 후려쳤다. 나는 하나님의 대리자이다.

존은 비참하게도 하나님에 대하여 자신들의 생각을 말해주는 친구가 없었다. 그 대신, 어린 시절 그는 아버지와의 관계에서 욕설과 매질만 경험했다. 조직 폭력단에 들어갔다. 존은 대단한 사람이 되는 유일한 길은 조직에서 가장 잔혹한 자가 되는 것이라고 여겼다. 하지만 그의 비루한 인생의 조각난 편린들은 분노, 적대감으로 물들었고, 결국 타인의 생명을 앗아가는 비열함에서 그 참상이 드러났다.

한 젊은 목사가 자신을 하나님의 대리인으로 여기고 은혜의 전달자가 되어 자기 역할을 다해 준 것은 존에게 얼마나 축복된 일이었는가! 나로 인하여 자기들도 하나님의 대리인이 되어 그 과업을 수행하고 있는 자들을 보고 있는 나는 또 얼마나 축복받은 사람인가!

예수님이 지니신 성품 그 이면에서 세차게 뿜어져 나오는 힘을 뭐라고 분명하게 설명해야 할지 떠오르지 않는다. 그분이 간음하다 현장에서 붙잡혀 온 여인 앞에 서셨을 때, 혹은 천국 문에서 존을 맞이하기 위해 기다리셨을 때, 혹은 레스 카터의 삶의 각 모서리에 관여하실 때 그분은 자신의 사명을 아셨다.

"나는 하나님의 택함받은 대리인이니라. 나는 네게 하나님이 누구신지 보이겠노라."

나의 아버지 같이, 나도 그리스도인이다. 그리스도의 심장을 가지고 싶어 하는 사람이다. 나의 기도는 그분처럼 똑같이 하는 것이다.

"고맙습니다. 하나님. 내게 허락하사 예수님과 같은 태도를 취하게 해주소서. 나로 하여금 그분의 존귀하심을 나타나 보이게 하소서."

◢ **묵상과 토론**

읽을 말씀: 요한복음 8:1-11

1. 바리새인들이 예수님과 더불어 율법의 이점들에 대하여 논쟁을 벌리고자 했을 때, 예수님은 그것에 상관하지 않으려 하셨다. 왜 그러셨는가?

2. 은혜를 보이시며, 예수님은 자유주의자 혹은 원칙을 파괴하는 자로 낙인이 찍혀야 하는 위험을 감수하셨다. 왜 그분은 기꺼이 그런 위험을 감수하셨는가?

3. 많은 그리스도인들이 그것은 하나님으로부터 온 놀라운 선물이라고 주장하면서, 오늘날 너무 가볍게 은혜의 개념을 사용한다. 그러나 우리가 다른 사람의 죄성과 약점을 깨닫게 될 때, 우리는 쉽게 거절하고 판단할 수 있다. 왜 이런 일이 생기는가?

4. 아래의 시나리오들을 생각해보고, 당신이 은혜로 반응하는 데 가장 어려워 보이는 두 가지 요소를 표시해 보라.

- 당신의 자녀들은 자기들에게 문제를 가져오게 될 나쁜 것을 선택한다.
- 당신의 동료는 당신의 최소 기대에도 못 미치는 삶을 산다.
- 당신은 친구들과 사귐을 가지려고 노력하는데 나만 노력하고 있다.
- 수년 동안 한 친척이 염세적인 가치관을 가지고 가족들을 변질시키고 있다.

- 일터에서 당신은 당신만 허드렛일을 기꺼이 한다고 느낀다.
- 좋은 친구라고 하면서 당신이 필요로 할 때면 그곳에 없다.
- 당신은 대단한 개인적 호감을 가지고 교제하며 대화했는데 지금은 당신의 생각에 그가 별로이다.

5. 많은 사람들에게 있어서 은혜를 주는 것보다 그것을 받는 것이 더 쉽다. 왜 그런가?

6. 무슨 개인적 습관들이 은혜와 가장 잘 조화를 이루는가?

7. 누구를 향하여 당신은 은혜 베푸는 것이 어려운가? 만일 당신이 은혜를 실천하기 위해 헌신한다면 당신은 어떻게 달라지겠는가?

8. 당신은 어째서 은혜가 필요한가?

크리스티아노스 북 2

내 안에 계신 그리스도

1쇄 인쇄 2009년 7월 10일

지은이 레스카터
옮긴이 오찬규
발행인 김용호
발행처 나침반출판사
등 록 1980년 3월 18일 / 제 2-32호
주 소 110-616 서울 광화문 사서함 1641호
전 화 대표 (02)2279-6321 영업부 (031)932-3205
팩 스 본사 (02)2275-6003 영업부 (031)932-3207

www.nabook.net
nabook@korea.com
nabook@nabook.net

ISBN 978-89-318-1399-9 03230
책번호 가-3094

· 값은 뒷표지에 있습니다.
· 잘못 만들어진 책은 구입처나 본사에서 바꿔드립니다.

나침반출판사는 우리를 구원하신 아름다운 주님을
21세기 문명의 이기(利器)를 통하여 널리 전하고 싶습니다.